微商，这样玩最赚钱

运营策略+盈利技巧+实战案例

郭广超◎著

人 民 邮 电 出 版 社
北 京

图书在版编目（C I P）数据

微商，这样玩最赚钱 ：运营策略+盈利技巧+实战案例 / 郭广超著. -- 北京 ：人民邮电出版社，2015.10
ISBN 978-7-115-40296-7

Ⅰ. ①微… Ⅱ. ①郭… Ⅲ. ①网络营销 Ⅳ. ①F713.36

中国版本图书馆CIP数据核字(2015)第209057号

内 容 提 要

微商，一个依靠手机软件崛起的新行业。它是草根创业、企业经营需要掌握的新模式。本书根据微商的特点，向读者详细介绍了微商的营销、推广、思维、技巧等内容。

本书共分为10章，前3章讲解了微商的概念、微店铺以及微商的定位；第4章告诉读者什么样的产品适合做微商；第5章讲述了微商的思维；第6、7、8、9章详细介绍了微商的营销方法和技巧，其中包括与用户建立情感关系，自媒体、朋友圈和QQ平台的营销方法；第10章则讲述了微商成功的经典案例。

本书图书并茂，文字通俗易懂，重方法、重实例、重干货，让每一位读者在阅读后能立即应用到实战当中，适合普通大众以及已创业者、欲创业者、从事微商或者对微商感兴趣的人群阅读。

◆ 著　　　　郭广超
　责任编辑　郑冬松
　责任印制　周昇亮

◆ 人民邮电出版社出版发行　　北京市丰台区成寿寺路 11 号
　邮编　100164　　电子邮件　315@ptpress.com.cn
　网址　http://www.ptpress.com.cn
　大厂聚鑫印刷有限责任公司印刷

◆ 开本：700×1000　1/16
　印张：15　　　　2015 年 10 月第 1 版
　字数：220 千字　　2015 年 10 月河北第 1 次印刷

定价：42.80 元

读者服务热线：(010)81055296　印装质量热线：(010)81055316
反盗版热线：(010)81055315
广告经营许可证：京崇工商广字第 0021 号

Preface 前言

别拿微商不当生意

微商，是广泛出现在大众视野中的一个词语。2014 年 9 月 11 日，在天津达沃斯论坛上，李克强总理表示：让每个有创业愿望的人都拥有自主创业的空间，让创新的血液在全社会自由流行，让自主发展的精神在全体人民中蔚然成风。借助改革创新的“东风”，刮起一阵“大众创业”“草根创业”的新浪潮。微商创业成本低、无风险、碎片化，适合使用智能手机的所有用户，是草根创业的不二选择。然而，人们对微商行业的评价和看法却褒贬不一。

在朋友圈刷刷广告就能赚大钱？这是大多数人的疑问，甚至微商代理也会产生怀疑：微商真的能赚钱吗？为什么每天刷广告转化率却极低呢？之前，微商较少，广告宣传确实能带来收益，甚至成就了不少品牌。如今，朋友圈遍地的刷广告变成了令人讨厌的行为，这使微商陷入瓶颈期。目前，微商面临洗牌，正在逐渐淘汰假冒伪劣产品、骗子微商和不动脑筋的微商。微商刷屏时代已经过去，为朋友圈提供价值的微商时代正在来临，谁能为用户创造价值，谁就能在朋友圈赚钱。

微商要想扩大生意，招代理是目前的必走之路，一级一级代理分下去。微商是借助手机，在微信、QQ、微博等平台上销售产品，以卖产品为主，极像批发商与零售商之间的关系。唯一不同的是，大批发商发货给小批发商，小批发商又发货给零售商。所赚取的利润来自于产品差价或佣金等。

前言

2015 年上半年微商业绩普遍下滑？没错。因为微商的泛滥，导致微商必须洗牌。在洗掉大部分微商的同时，必定会减少整体业绩。目前，微商处于变革状态，洗掉的品牌退出微商领域；留下来的品牌会随着微商的逐步成熟而越来越大，前景越来越好。

要问微商的未来，只要人们还使用手机、使用移动互联网，微商就不会消失。但随着微商的成熟，微商不再是一个人人可以赚钱的工具，因为在任何一个商业环境里，没有人人能够赚钱的行业。之前，微商可能是人人可做，人人可赚钱；现在，微商需要学习、动脑才能赚钱。随着微商的洗牌，正是加入微商大军的时机。如果微商形成了完整体系，想要赚钱就会像今天的淘宝一样困难。所以，在变革时期，只要你抓住了机遇，就能搭上自主创业的大势。

改变，无时无刻不在，即使传统企业也随时面临诸多挑战。身为草根，没有资金挤进传统行业的大军，但可以加入微商行业的主旋律中来。微商和电商其实没有本质区别，唯一的区别就是，一个是 PC 端，一个是手机端。当许多电商越来越成功，就不能说微商不能成功，不能成就一番事业。但是想要做好微商，也必须有一套完整的、系统的、靠谱的理论，并结合实际来操作。所以，翻开本书，就等于找到了打开微商之路的钥匙。

不要怕别人怀疑微商，因为它实在太火了，人红是非多，人们也最容易揪住它的“小节”不放。只有微商越来越正规，它才能形成一个真正的行业和领域，才能被更多的人认可，就像现在人们已经普遍接受电子商务一样。所以，你不能不把微商当生意。因为，你现在不重视它，将来的它就会让你“高攀”不起。

目　录 Contents

第 1 章

微商：白手起家的新机会

每个人都有自己的梦想，但并不是每个人的梦想都能实现。为什么呢？这是因为很多人没有选对“势”。所以，站在风口上才是成功的关键。各行各业都有自己的风口，错过了风口想要成功就增加了难度。而微商此时正站在风口上，错过了微商就等于失去了一次成功的机会。

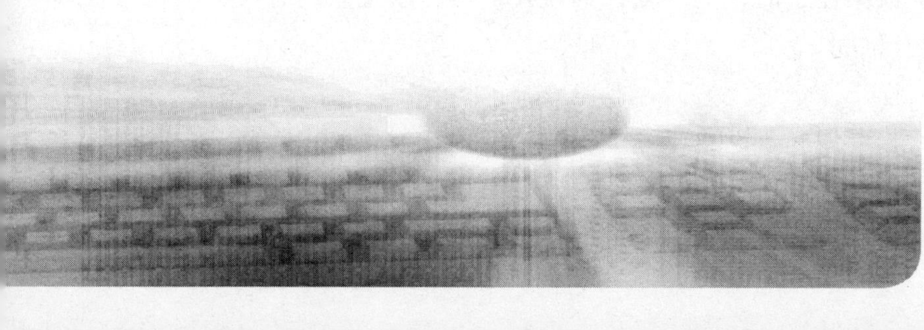

1.1 微商，颠覆传统生意的新模式

在了解微商之前，首先来了解一下什么是微电商。所谓微电商，就是直销的电子商务化，既是电子商务重要的分支，也是电子商务的发展趋势。

微电商萌芽于微博，诞生于微信。在淘宝火热时，很多店家借助微博来做宣传，最后在淘宝店内成交。大量粉丝觉得与其给别人发广告做宣传，不如直接自己销售，于是微博平台有了销售产品的功能。但微博沟通不太方便，于是店家将自己的微信号留下，喜欢产品的粉丝通过添加微信进行沟通。有了一定的客户资源后，店家开始在微信朋友圈内销售产品，这种做法形成了最初的微电商概念。由于人们习惯把在网络上销售产品的方式叫作“电商”，于是借助手机销售产品时，就有了“微电商”，简称“微商”。

微商是一种基于交互、体验、口碑、分享，以缩短购买时间、优化购物体验为目标的精细化电子商务。它区别于传统生意的店铺和电子商务的在线模式，利用用户碎片化的时间来完成电子商务行为，所以又可以称为移动电商。

微商降低了电商的门槛，节省了传统生意模式开店所需的费用，为小微企业和个人提供了参与的机会，让电子商务真正地进入到每个人的生活中。微商生意，只要有一部智能手机，人人可以做。随着移动互联网的发展和智能手机的普及，自 2013 年以来，微商开始进入用户的视野，随后越来越多的创业者加入到微商的队伍中。目前，微商群体已经突破 100 万。

今天，我们已进入移动互联网掘金时代。但这并不意味着将个体户、路边摊都搬到手机上来，而是构建基于移动互联网商业模式的创业家。你也不要在做了微商生意后觉得自己是在手机上摆摊的小老板，微商是一个经营人品、圈子的新模式，它值得你将自己定位得更高。当今是阿里巴巴的鼎盛时期，是因为它在 10 年前甚至 15 年前就站在了时代的顶端；而现在，是移动互联网时代，站在时代顶端的那批人又会有谁呢？

1.2 微商是如何发展的

微商最早来自于微博，后又借助微信交流，微商理念逐渐清晰起来。真正的微商是从微信开始的。那么微商到底是怎么发展的呢？

微商发展经历了 3 个阶段。

1. 自媒体

起初微商创业者大多是运用微信这个自媒体的自传播性、强关系、自裂变性来做推广和营销，这主要基于使用工具的属性。比如：在朋友圈内打广告；通过摇一摇，让附近的人来添加好友；让好友帮助分享广告信息等。这个阶段称为 1.0 时代（如图 1-1 所示）。

图 1-1 朋友圈广告信息界面

2. 自明星

当微商创业者借助自媒体营销一段时间，就会意识到想要做强做大只靠自媒体是不够的，必须成为明星。移动互联网时代已经进入了粉丝经济时代，只有你有了强大的粉丝团队，才能将生意做得越来越大。那么粉丝的背后又是什么呢？自然是明星。如果没有明星，又哪里来的粉丝呢？无论个人还是企业，只要把自己的平台打造成明星平台，就等于拥有了自己的部落，你就是这个部落的酋长，想展开活动或是推广产品都会有力量。比如微信公众平台上的“鬼脚七”，他的定位是“淘宝资深小二”，这个定位吸引了大量做电商生意的粉丝，让他成为了名副其实的营销专家（如图 1-2 所示）。这个阶段叫作 2.0 时代。

图 1-2 “鬼脚七”微信公众平台主界面

3. 自品牌

无论你是多大的明星，拥有多少粉丝，最终目的都是为了赚钱，想要赚钱就要拿出产品。当你成为一个明星之后，粉丝会基于自裂变性不断扩大这个部落，这个时候所销售的产品就形成了自己的品牌。自品牌的形成包括两个方面：一个是人格的品牌化，另一个是品牌的人格化。这个阶段被称为 3.0 时代。

1.3 微商的分类

无论做什么生意，首先都要清楚客户到底是谁，目前处于什么样的阶段。有了清晰的目标，才能有针对性地销售产品。这就涉及了微商的分类，那么微商都有哪些分类呢？

1. C2C 个人微商

C2C（Customer/Consumer to Customer/Consumer）是指个人（消费者）与（消费者）之间的电子商务。C2C 也可以理解为传统零售商或电商中的个人淘宝店。在个人微商创业中，微商把产品直接销售给消费者，这种 C2C 模式适用于打算用微商创业的个人。它对产品、渠道、客户数量要求不高，起步容易，操作非常简单。比如微商在朋友圈刷个人信息，朋友圈内好友看到后私信购买（如图 1-3 所示）。

图 1-3 微信广告信息界面

2. C2C2C 明星微商

C2C2C，即个人——个人——个人。这种微商模式是个人经营微商一段时间后，由于销售业绩较好开始招代理，从个人微商变成了批发加零售销售模式。在这个阶段，微商创业者有了稳定的老客户，已不满足于个人对个人的销售模式，开始寻找微商代理或者把自已的老客户变成产品的代理商。由此，将这种模式叫作明星微商。这类微商有了一定的影响力，也有了一定的规模，具备价格、产品、客户、经验优势的积累。明星微商是微商做大做强的必经之路，因为让用户做代理是微商的重要特征。

3. B2C2C 品牌微商

B2C2C，即商家——渠道——顾客模式。商家与微商确立合作关系后，微商向用户销售产品，最终由商家发货。微商不用承担任何费用，无须压库存，风险近乎为零。这种微商模式开启了线下的品牌企业、传统企业和微商平台开始介入微商领域。3 种不同的企业和平台，有不同的操作方式。

（1）**品牌企业**。品牌企业是指拥有自有注册商标等知识产权并获得过驰名商标等品牌官方认定的企业。这类企业在经营时大多采取全渠道战略的方法，他们不仅会占领传统线下卖场、门店渠道，还会占领阿里巴巴、京东、当当网等电商渠道，以及移动互联网渠道。这类企业如果想要进入微商，最有效的方法是建立以微商创业者为支点的微商渠道，通过创业者的努力，将产品销售到手机用户手里。比如化妆品类的面膜，面膜在短短一年的时间里迅速占领微商平台，成为一个容量超过 1000 亿元的市场。在这个庞大的市场里，迅速出现超过 1000 个面膜新生品牌，销量多的品牌月回款超过了 5000 万元，销量不好的品牌月回款也有 200 元左右。韩束在 2014 年 8 月宣布进入微商渠道，计划 1 年之内发展超过 40000 个微商代理，销量收入突破 10 亿元，这个企业的运营方式，就是典型的 B2C2C 模式（如图 1-4 所示）。

图 1-4 韩束微信公众平台“历史浏览”界面

（2）**传统企业**。传统企业，像工业型、大宗商品型企业，是业务团队将产品销售到顾客手里的，企业很难直接把产品销售到顾客手里。是不是这些企业就不能做微商了呢？当然不是。这类企业想要借助微商来做生意，可以让企业内部的业务团队学会用移动互联网平台的社交工具来实现微商创业，企业与销售团队之间不再是雇佣关系，而是合作关系。比如汽车行业，在传统销售中，企业必须用店面、广告宣传和策划活动来吸引顾客，再通过现场的销售人员将汽车销售出去。当汽车销售来到了移动互联网上，企业销售团队借助微商的形式来完成在线集客、自传播、强关系、自裂变等宣传，然后在 4S 店门面完成汽车试驾、付款、售后服务等内容。

（3）**微商平台**。当个人微商有了一定的成长，形成了自己的团队、产品体系、微商代理渠道体系，拥有了公司和自己的品牌后，就不再直接做零售生意，开始从销售向服务转化。服务微商代理，渠道体系的管理、培训、扶植等；另外，还会提高产品销售中的顾客体验感和做好后期服务，从而变成一个具备移动互联网基本功能的品牌微商平台。

4. B2C 微商品牌

移动互联网具有去中心化、打破时间、空间限制的特点，只要将产品放到移动互联网平台上，就可以通过手机被全世界的用户看到。微商发展到最后一个阶段，要创建自己的微商平台，拥有属于自己的粉丝，组建有共同价值观的消费群体，通过社交平台企业与用户直接发生关联，实现品牌的人格化，最终打造出属于企业的微商品牌。

1.4 微商到底要怎么做

在电商平台，主要是做“货”，以产品卖出去为本；而微商则是做“人”，以人为中心。在电商平台，都在追求爆品，只要产品价格低，质量好，就能制造出爆品。但在移动互联网社交时代，主要是你和粉丝建立关系，有了关系，建立了足够的信任才能将产品销售出去。

做电商生意，追求的是流量和入口，无论在 PC 端还是 APP，只要有机会，店家会不断地拉拢新的客户。但在社交购物的微商平台中，关键则是关系深度，你不一定有太多的客户，但只要将这些客户、粉丝的关系做深，一直维系着老客户，提升购买频率，就能让生意做起来。所以，做微商生意，做人的关系是核心，与老客户增进关系是基础，提升他们的购买次数是王道。

无论你选择在朋友圈内销售产品，还是开微店，都离不开微商的基本核心。不过，在建立关系的时候，还需要注意以下几点。

1. 有节操地分享

微商的核心是与好友建立关系，但不少微商为了销售产品在微信朋友圈内无节制地推送产品信息，对好友们造成严重的骚扰。这样不仅不会建立良好的关系，甚至会让他们屏蔽你的朋友圈。朋友圈营销主要是“熟人社交经济”，你要做的就是与好友建立信任，在这个基础上达到营销的目的。而不是将广告内容不断地推送到朋友圈，然后等着好友过来买东西。

2. 推送的内容有价值

无论在朋友圈还是在互联网平台，没人喜欢看广告信息，但如果将这个产品以故事、生活技巧、提高生活质量的方式表达出来就能受到好友和粉丝的欢迎。比如面膜，在朋友圈内讲解有关美容护肤的知识，或者从网上找一些关于产品的小故事与他们分享，引起他们的兴趣，吸引他们转发宣传。网上这样的内容很多，可以挑选一些自己喜欢的，或者将原来的内容做些修改，都能让好友或粉丝在娱乐的同时增加对产品的认识。

3. 通过评论带动口碑

在淘宝平台，客户通过好评带动产品的销量，有了好评自然有更多的网友来到该店购买产品。而做微商生意，还有一个更大的优势，就是微商经营熟人生意，他们的评价可信度会更高。比如，微信内好友购买并使用产品后，通过微信私聊的方式让他讲述一下使用产品的感受，然后再将这些好评截图整理出来，推送到朋友圈。微信内的好友在浏览信息时，看到这样的口碑宣传和正面评价，自然增加了他们对于产品的信任感。

4. 给予优惠，提高互动

通过与好友、粉丝互动，已经获得了一些客户。随着业务量的不断扩展，购买产品的人会越来越多，这时，可以开展一些优惠活动，起到回报老客户、吸引新客户的作用。为了增进彼此之间的友谊，还可以推出一些小游戏、小互动，让彼此越来越亲密。

1.5 风口上的创业机遇

手机已经不仅仅是通话工具，它代替了钟表、相机、游戏机、电脑、MP3 甚至电视机的功能。人们睁开眼的第一件事就是看手机玩微信，睡前的最后一件事也是看手机玩微信。正是如此频繁使用手机的用户们，开启了微商创业的新机遇。

1.5.1 时代造就，开启微商创业新机遇

提到微商的新机遇，不得不提及传统商业模式。最初的创业模式就是开店铺，只要找个门店，货架上摆上需要销售的产品，就可以坐等顾客上门了。在那个时代，想要让生意做得好，除了服务、产品质量外，最重要的就是选址。一个好位置才有好人流、好生意。当门店的地址变了，前期积累的客户、资源都没了。做电商生意，最重要的就是流量，直通车停止流量就没有了，销量也就缩水了。无论之前顾客评价多么好，当一个产品下架，之前的好评也跟着下架。当新品推出时，一切又得重新开始。

当微商开启新时代，一切营销模式发生了新的变化，同时也迎来了新的机遇。微商是一个新的领域，同时也有着新的玩法。

首先，零起点。无论在传统行业还是在电商行业，想要让一家店铺盈利都需要有一定的生意积累和知识。而微商则只需要一部手机就够了。就算没有资金，没有产品，通过分享帮助商家发布信息也能拿到相应的代理费用。微商是从分享出发，最终实现微商创业的。

其次，零成本。传统行业开店做生意，除了需要库存成本外，还需要装修，缴房租、水电等费用。在其创业初期，生意没有稳定，业务没有走向正轨，这些费用很可能让其生意夭折。电商行业将生意搬到了互联网上，但面对如此多的商家，想要有人购买产品，就需要大量做推广。由于网络的发达，每一位网友在购买产品前都会仔细比价，购买价格最实惠、评价最好的商品，这让许多产品只赚吆喝不赚钱。而微商创业就变得简单多了，只需要一部手机，有微信账号，账号内有

好友，就能将生意做起来。随着生意的发展，团队人员扩大也不用担心，因为他们没有工资，没有其他杂费，再大的团队也养得起。

最后，零经验。微商是一个新的领域，许多创业者、企业都在摸索阶段。目前大家都站在同一起跑线上。微商是社交电商，而社交是我们从出生就开始学习的，所以只要身边有朋友，有人际交往的圈子，就能够开启创业之路，其他的都可以在实践、摸索中找到经验。

1.5.2 站在风口，迎接微商新挑战

微商创业很简单，是下一个风口，但微商毕竟是一个新的领域，未来还会面临许多挑战。很多创业者在微商创业初期都是抱着极大的决心做微商，最终又以微商创业失败而告终，究其原因，是因为他们没有坚持下去。想要做好微商，不是有一腔热血就能成功，最重要的是能够坚持下去。

1. 顶住压力，充满自信

微商创业主要经营熟人生意。由于他们大多是你的好友，难免有一部分人对你说消极的话。比如，做微商没几个赚钱的，还是尽早放弃吧；你在朋友圈发广告真讨厌、能不能找一个正经行业来做……微商是一个新生事物，大多数人还不承认微商真的能赚钱。最初家人、好友不一定支持你，就像十年前有人做淘宝店一样，认为那是不务正业。所以，做微商首先面对的挑战就是要有自信，相信自己的生意一定可以做起来。

2. 耐住寂寞，坚持下去

微商创业门槛极低，人人可以做。正是因为这样才使朋友圈内有大量的广告信息。而这些广告信息大多涉及服装、化妆品、保健品等行业。这导致你身边的好友，早就购买过这类微商品牌产品，而没有购买你的。所以，微商想要做出成绩也需要一定的时间积累。对于那些已购买过产品的好友，需要有耐心等他购买你的产品；对于看到广告信息无动于衷的好友，也要长时间地开导最终让他认可该产品，这样才能慢慢培养营销成绩。但许多人在最开始做微商时很有激情，做了一段时间因为没有赚到钱就放弃了，不再与好友沟通了，这样的做法注定是失败的。只有耐得住前期的寂寞坚持下去，才能看到后来的成功。

3. 诚信做人，用心做事

微商主要经营熟人圈子。许多用户做微商之后变了一个人，变得不在乎友情，更在乎金钱了，更注重相处的技巧而不是靠真诚。如果某用户是生活中的好友，他非常熟悉之前的你，他会因为这样的转变而不再相信你；而陌生好友，他很可能是一个社交高手，非常明白你的目的。

什么样的方法，都不如用心去交朋友，这才是最大的技巧。只有对方信任你，他们才愿意购买你的产品。

4. 想法再多，不如行动

学习再多微商知识，最终都要自己亲自去操作。不添加好友就没有客户；不与好友互动，就没办法建立信任；不持续推广活动就不会有分享和裂变……想要将微商做好，必须要一点一点亲自去做。很可能你稍微一犹豫、偷懒，客户就被勤快的微商夺走了。随着微商的发展，将来越来越多的人加入微商，竞争会越来越激烈，只有行动起来，快人一步才能争取更多的机会。

1.6 微商覆盖到哪里，财富就在哪里

在日常生活中，手机、WIFI 已成为人们生活中必备的配置。只要有手机，手机背后有一位主人公，他就有可能成为你的朋友，成为你的客户。你要做的就是将更多的手机用户添加成为好友，用户越多，销售机会就越多。

传统行业想要扩大生意，要设立总部，再设立分部，设置省级代理、市级代理等；电商行业想要引流，就需要打广告。广告打得越多、越广，才能越增加销量。但这些只能吸引那些有兴趣的用户，而没看到广告信息和对该广告没有兴趣的用户，是没有办法接触到的，所以也就无法将每位用户都变成客户。

微商就是寻找客户。你寻找到多少客户，覆盖到多少人群，就建立多大的财富库。比如，你的生意借助微博平台吸引客户，那么，微商就覆盖到了微博的平台上，财富自然会从那里挖掘出来；在贴吧做宣传，贴吧的用户们就会看到广告信息；生意做到论坛上，自然也会从论坛用户里筛选出一部分客户来……所以，获得的财富有多少，就要看你的微商到底覆盖到了哪里。在这覆盖区域的过程中，你还可以将信任你的客户直接变成你的代理商。当你手上有了几十位代理商后，这些代理商的客户，间接地也成了你的客户。

这样寻找代理的模式看似很熟悉，像极了直销模式，但它真的不是直销。因为直销行业是奖金制度，在一定的时间内，完成了规定的任务，公司才会给予员工一定的提成或以奖金的形式发给员工工资；而微商主要相当于批商，批货给代理商，然后代理商以合理的价格销售出去，每销售一件产品，就会赚取一件产品的差价，不用必须完成任务才能拿到工资。最重要的是，微商是自己做老板，直销是为别人打工。

做实体店、开网店时，必须随时守在店里或计算机前，只要离开很可能会错过生意。而手机就方便多了，由于它的便捷性，无论旅游、在火车上、在国外都不受限制。只要你的客户使用微信，就能完成沟通。

微商是创业最好的机会。只要微信能到达的地方，微商都能让微信用户成为客户或微商从业者，从而获得财富。

第 2 章

微店铺：给小店选个好位置

宣传信息覆盖到哪里，微商就能覆盖到哪里；微商店铺开到哪里，就能招揽哪个平台上的用户。那么，目前到底有多少微商店铺平台呢？哪个平台更适合你呢？通过了解微商店铺平台，找到适合自己的那个。

2.1 微信小店

2014 年 5 月 29 日，微信公众平台宣布增加“微信小店”功能。在微信公众平台开通服务号的商家可以申请“微信小店”功能，它是基于微信公众平台打造的原生电商模式。开通该功能后，可以使用添加商品、商品管理、订单管理、货架管理、维权等功能，也可以使用接口批量添加商品，快速开店。

1. 微信小店基本概况

微信小店（如图 2-1 所示）开通方式非常简单，只要是认证的服务号就可以自助申请开通微信小店功能。功能开通后，将小店接入菜单，在公众号内完成销售。开通小店后可以实现商品上架、货架管理、客户关系维护、维权等功能。除此之外，微信公众平台开启了很强的技术开发功能。让部分有开发能力的商家可以通过 API 接口自行开发商铺系统。通过接口的权限实现多元化功能。

图 2-1 味多美微信小店界面

微信小店的电商生态是：商家店铺 + 基础交易系统 + 微信支付 + 广点通。这一生态与淘宝的电商生态系统结构是一样的，唯一不同的是微信将更多的精力放到了手机移动端。目前已经有大量淘宝店商家来到微信公众号平台，希望通过此平台挖掘出更大的商业价值。

2. 微信小店的开通

如果你想在微信公众平台开通微信小店功能，必须具备以下条件。

（1）必须是注册的服务号；

（2）必须已开通微信认证。申请微信认证需要缴纳 300 元的审核费用。审核通过后，服务号才能获得高级功能接口中所有权限；

（3）必须开通微信支付接口；

（4）微信小店开通后，所销售的产品也必须是微信支付经营范围之内的商品。

2.2 京东微店

京东微店是一个借助微信服务号、手机 QQ 等移动端与用户一对一沟通，为用户提供更便捷、更多场景的购物选择，同时也为用户提供正品保证、闪电发货、七天无理由退换等优质的移动购物体验。京东微店与 PC 京东商城完全打通，对京东商城第三方卖家全面开放。京东商城的商家可以零门槛、零成本拥有一个移动手机网店铺并经营粉丝。

1. 京东微店的特点

首先，京东微店（如图 2-2 所示）最大的优点是，微店里的产品京东商城都有销售，等于多了京东商城这个销售渠道。开通京东微店的商家即使不开通微信支付，也能通过京东支付轻松交易。其次，在手机 QQ、微信 APP 客户端点击“购物”或点击链接广告，可以直接进入京东微店界面，这也是京东微店独有的特色，使用京东的渠道在微信、手机 QQ 做推广，让广告信息第一时间被手机用户看到。最后，用户享受的服务与京东商城完全一致，让用户没有距离感。这种模式帮商家提高了服务质量。

图 2-2　京东微店界面

2. 京东微店的开通

想要入驻京东微店是有一定要求的，可以按照以下程序来申请微店的开通。

（1）商家入驻前须先开通微信公众号，运营主体为组织，类型为企业微信服务号。

（2）京东微店开通时，需要用店铺 QQ 号进行登录。对 QQ 号的要求是：该店铺 QQ 号没有网购、微店清退记录；没有在网购申请入驻流程中；非拍拍店铺的 QQ 号。

京东微店在类型的选择上包括以下几种。

旗舰店：商家以自有品牌（商标为 R 或 TM 状态）入驻京东微店开设的店铺。入驻须经营一个自有品牌商品的品牌旗舰店；经营多个自有品牌且各品牌归属同一实际控制人的品牌旗舰店；由服务类商标所有者开设的卖场型旗舰店（仅限特邀入驻商户）。

专卖店：商家持品牌授权文件在京东微店开设的店铺。入驻须经营一个授权销售品牌商品的专卖店；经营多个授权销售品牌的商品且各品牌归同一实际控制人的专卖店。

专营店：经营京东微店同一招商大类两个及以上品牌商品的店铺。入驻须经营两个及以上他人品牌商品的专营店；同时经营他人品牌商品和自有品牌商品的专营店；经营两个及以上自有品牌商品的专营店。

2.3 口袋购物微店

口袋购物在 2011 年 9 月正式成立，是一款移动平台的推荐购物类应用软件，主打个性化和精准化商品推荐。从 2011 年成立至 2014 年 10 月 23 日，先后有雷军、H Capital、老虎基金、Vy Capital、DST 以及腾讯入股，其中腾讯投资了 1.45 亿美元，所占股份已达到 10%。

1. 口袋购物基本概况

2014 年 1 月，口袋购物推出了商家入驻平台“微店”（如图 2-3 所示）。这是一款类似于微信，走熟人经济的 APP 产品，以提成佣金为主要收入方式。2014 年 11 月，口袋购物旗下“微店”上线买家版。该 APP 的核心功能是聚合微店上所有卖家的产品，让用户按照菜单上提供的类目选择、搜索产品。另外，微店还为用户提供了“附近微店”“周边生活”等功能。2014 年 11 月，微店宣布投入 2 亿元资金，为商家们提供引流服务，为商家们开放口袋购物旗下垂直类 APP 的入驻接口，将商家产品多平台推广，实现真正的引流。为微店商家提供的 APP 平台有口袋购物、今日半价、代购现场、美丽购、美铺等。

图 2-3 微店后台主界面

2. 微店开通流程

微店的注册、安装、使用步骤非常简单。无论是年轻的大学生，还是全职妈妈，抑或是上了年纪的中老年人，都能操作这款 APP。

（1）从口袋购物官网或从 APP Store、安卓应用市场下载微店 APP，并安装到手机上。

（2）打开微店后，找到注册菜单。输入自己的手机号、姓名等真实信息。

（3）注册完账号后，可以创建店铺了。

2.4 拍拍微店

拍拍网是腾讯旗下的电商平台。2014 年 3 月，腾讯入股京东，并将 B2C 平台 QQ 网购、C2C 平台拍拍网以及易迅网的部分股权卖给了京东。目前，拍拍网已经是京东集团旗下的子公司。同年 10 月，拍拍微店正式对外开放，无论企业还是个人都可以将店铺开在拍拍微店上。

1. 拍拍微店基本概况

拍拍微店（如图 2-4 所示）是拍拍网旗下的手机 APP。该网站为拍拍微店的商家提供统一的微信支付功能。用户在拍拍微店购买产品后，将货款统一支付到拍拍账户。用户收货并确认后，再由拍拍支付转到商家账户中。拍拍微店注册也非常简单，只要下载拍拍微店，登录 QQ 号，就能上传产品图片开店。为了利于商家宣传，拍拍微店使用了拓展性极强的 HTML5。不仅活动更容易策划，还能在每个店铺里面做 100 个 HTML5 活动页。每个活动页面想当于一个旗舰店，可以独立分发，操作起来也简单易学。

2. 拍拍微店的特色

拍拍微店几乎无须注册。只要有一个 QQ 号，下载后使用 QQ 号登录就算开店成功。在入驻要求上，免平台服务费、免销售扣点、免支付手续费。那么，拍拍微店有什么样的特色呢？

（1）**谁都可以开店**。无论是个人还是品牌商，只要下载拍拍微店 APP 后，就可一键式开微店，无须任何条件要求。如果是品牌商，想让自己的店铺高大上，可以选择 PC 端 + 移动客户端同步的方式开店。这种方法的好处是，让店铺装修得更好看，同时还会在拍拍网显示店面。

图 2-4 拍拍微店后台主界面

（2）**多种支付选择**。为了让更多用户在拍拍微店内交易，企业提供了跨账号微信、财付通和货到付款多种支付选择。目前拍拍微店有 40% 的订单来自于微信应用，20% 的订单来自于手机 QQ，另外 40% 则来自于 QQ 空间、微博、论坛等。

（3）**与 PC 端互通流量**。腾讯称，拍拍微店的推广信息将在 PC 端通过二维码引导、首页专题推荐、开门办学微店优惠价等多重措施拍拍微店导流，形成 PC 端的流量互通。

2.5 有赞

有赞（原：口袋通），是一个为商家提供强大的微店铺和完整的微电商解决方案的免费微商城平台。该平台隶属于杭州起码科技有限公司，旗下产品为“有赞微商城”。“有赞”（口袋通）帮助商家管理客户、服务客户，并通过各类营销方法，让微商城平台产生交易获得订单。

1. 有赞微商城基本概况

有赞（如图 2-5 所示）是一套强大的微店铺系统，为商家提供了完整的微电商解决方案。使用有赞，可以快速、低成本搭建一个微商城。开通有赞微商城可以享受商品管理、订单管理、交易系统、会员系统、营销系统等全套服务。另外，有赞还为商家提供了牛气的店铺页面管理功能，让商家每一个页面都能够自定义设置，并且全部免费享受多元化功能。

图 2-5 有赞微商城“注册”界面

2. 有赞微商城的特点

有赞为商家提供了底层整套的店铺系统。把微信或微博账号绑定到有赞微商城后，微信、微博成为商家店铺面向粉丝的重要出口，商家可以直接在微信、微博上经营店铺，向粉丝推送活动通告、新品通知，和粉丝在后台交流。粉丝在平台上浏览商品，最终在店铺内成交。除此之外，有赞微商城还有强大的客户管理系统，商家可以对每一位粉丝分组、备注名称，有针对性地做营销。

如果商家没有开通微信公众号，也可以在有赞微商城注册账号，将有赞店铺分享到朋友圈，好友也可以访问店铺并完成购买。

有赞支付方式：

（1）银行卡支付。有赞支持开通网银的任何一张银行卡。

（2）微信支付。微信公众号开通微信支付功能后，可以在有赞平台使用该支付方式。

3. 有赞分销平台

有赞分销平台在 2014 年 12 月正式上线，致力于打造成一个商品快速销售和流通的平台。该平台主要帮助大的商家增加更多的销售渠道，为中小卖家解决货源问题，为两种类型的商家建立双赢的模式。

2.6 微盟旺铺

微盟旺铺成立于 2013 年 4 月，是国内最大的微信公众号服务平台。微盟旺铺在原微信商城组件的基础上，做了功能组件大幅改动和细节设计上的优化，可满足移动电商运营的核心需求，帮助微信小店商家解决开发、运营、培训、推广一体化解决方案。

1. 微盟旺铺基本概况

微盟旺铺（如图 2-6 所示）于 2014 年 7 月 29 日正式上线。主要为微信小店商家提供基本商品货架功能，降低没有技术开发能力的商家开启电商业务门槛，满足所有商家在移动电商运营上的需求。比如客户关系管理、市场推广、运营活动、O2O 落地执行等需求。另外，微信小店门槛较高，申请时须支付 2 万元的保证金，而微盟旺铺在丰富解决方案的基础上，还能帮助商家降低费用。

图 2-6 微盟 APP 登录界面

2014 年 11 月，微盟推出社会化分销平台 SDP（Social Distribution Platform），让商家既能销售产品又能招代理 。2014 年 12 月，微盟系统再次推出 SDP 升级版，个人可以申请微客。申请成功后，通过社交媒体分享发布商品信息，微客系统会对分享产生交易的信息进行自动佣金提成。

2. 微盟旺铺的特点

只要是微信商城的用户，就可以自动获得微信旺铺开通的权限。商家可以在微盟旺铺进行完善，对微盟旺铺的商家、属性、规格、类目、价格等进行重新设置。

新一代分销平台升级后，可以参与到 SDP 的 3 大角色中：供货商、分销商和微客。供货商一般包括品牌商、厂家等提供货源的一方；分销商则是以代理商为主，有自己的团队，但是没有货源的一方；微客则是普通用户、粉丝等代理商，以个人为主。

在 SDP 模式中，供货商通过该系统搭建了自己的移动商城，针对代理商进行统一管理，并帮助分销商发货。分销商不用购买货源，只需帮助供货商推广微商城即可。当某分销商的推广在商城内成交，分销商就能拿到相应的提成。

第 3 章

微定位：华丽转身的微商老板

定位，对任何人来说都不陌生。但不是人人会定位。在微商营销中，如果不会定位，就无法吸引那些准客户来找你，更不能将自己打造成自明星。为此，有必要了解一下到底什么是定位？定位又有着怎样的意义？

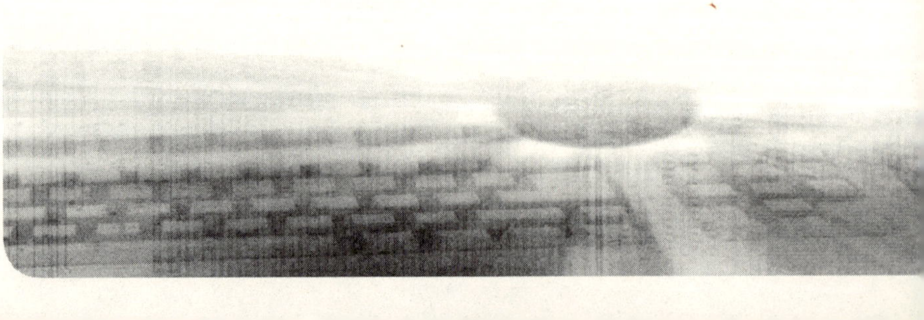

3.1 为什么要给微商定位

刷朋友圈已成人们的一种生活方式。在以赚钱为目的刷朋友圈时，就不能随心所欲了，而要让人知道你到底是卖什么的。你不能今天卖服装明天卖化妆品，后天又卖眼镜。微商做的是圈子，如果经常换产品，就需要不断换圈子。这不仅不会做好生意，还维护不好客户。所以，必须要做一个定位，防止做无用功。

1. 定位的意义所在

刷朋友圈时不难见到一次销售几种品类的微商，而且销量非常不错。这是因为微商还在红利时代，竞争不是很激烈，只要有一定的好友和粉丝量，就会有一定的销量。但从长远来看，想要进一步发展则是困难的。随着微商大环境的变化、竞争加剧、用户消费观念的成熟，这样的模式很快就会被淘汰。这就像最早做淘宝刷皇冠店铺的店家，因为没有给自己定位，最终导致失败一样。

给微商定位，就是明确未来的发展方向，明确产品销量模式和相对应的商业模式，以及了解自己正处于什么样的位置。明确这些之后，再来做微商生意，就非常清楚自己到底该如何做了。找准了方向，所有的努力才不会被白白浪费。

2. 定位的作用

这是一个信息时代，每秒都有数以万计的信息产生。每天所产生的互联网信息可以刻满 1.68 亿张光盘，收发的邮件有 2940 亿封，网络上的论坛社区帖子多达 200 万个。如果朋友圈、QQ 空间几分钟不看，就会有不少信息被好友发出来。这样一个传播过度的社会，用户大脑每天都在被骚扰，当他们看到广告信息时会觉得烦透了。了解了信息爆炸，在定位时会注重用户的感受，找到他们能接受的方法。同时，也让你了解目前所处的阶段、产品的特点。

每天除了有大量的信息被制造出来，还有大量的产品信息被推向网络。只要打开搜索引擎和电商平台，输入想要搜索的关键词，立刻有成千上万的产品信息被搜索出来。而这些产品为了能够销售出去，又以各种各样的方法做宣传，出现在用户眼前。如果你还在朋友圈里刷产品信息，后果可想而知。所以，一个精准的定位可以帮助你从众多信息中脱颖而出。

3.2 自我定位

微商是经营圈子的生意，不仅仅是品牌、市场、平台，所以做微商生意首先要做的是给自己定位。通过定位确定自己想要进入哪个圈子，然后针对圈子推广产品。

3.2.1 自我角色定位

自我定位时，必须明确一个问题，就是你是谁？你是个人微商创业者还是企业微商创业者。如果你只有产品还没有自己的团队，那就是个人微商创业者；如果你已有大批产品但还没有自己的团队，这时可以组建自己的团队，以企业微商创业者的身份来做营销。定位不同，销售时所针对的人群也不相同。

1. 个人微商

定位为个人微商，起步相对较为简单。可以借助个人平台直接来销售产品。在起步阶段借助品牌名气做营销，为下一步发展打基础。后期逐步营销下级代理，形成自己的团队。当自己的队伍越来越大、财富积累得越来越多，就可以着重于向微商品牌之路发展。

比如，在QQ空间有一个叫作“琉璃泪”的个人微商。该微商的定位是吸引青春期的学生和喜欢读书的年轻人。有了这个定位后，他在QQ空间发布杂志上的文章和小说吸引了大批QQ用户的关注，每篇文章都有上千的访问量（如图3-1所示）。有了一定的人气之后，他开始在平台上销售产品，有了人气的基本保证，做销售就容易很多。

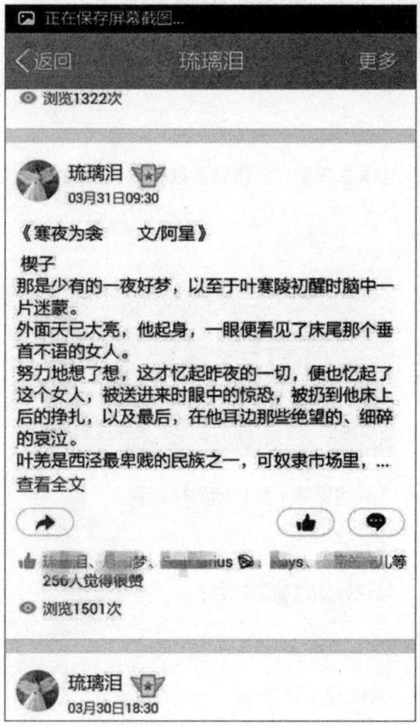

图 3-1　“琉璃泪”文章营销界面

2. 企业微商

如果你已经有了团队和公司，在定位的时候必然会做企业微商。目前的微商还处于试错的阶段，最重要的就是“快”，快速自我定位、快速决策、快速行动。传统企业要根据自己的优势借助微商的新模式，快速地进入到新的渠道中来。除了要搭建微商城、微信公众平台外，还要借助微博等网络自媒体做推广，把品牌包装得专业，才能赢得更多粉丝、代理商的信赖。

比如，韩束（如图 3-2 所示）在进入微商后，将自己定位为品牌新渠道里的终极专卖店。主要以招代理商为主，借助微商的模式来拓展渠道，打品牌名气。在短短 40 天的时间里，韩束迅速发展了 20000 个代理，回款 1 亿元。完成了之前普通渠道商 4 年的业绩。

图 3-2 韩束微信公众平台历史消息界面

相较于企业微商而言，个人微商更容易找到自己的定位。企业微商必须明确，自己到底是微商业的超级销售员，还是品牌渠道商，抑或是一个终端专卖店。明确定位后，营销时才能成功。

3.2.2 自我方向定位

无论做什么事情，都应该找准一个方向，有了方向做事情才不会偏离目标。给自我定位时，也要给方向定位。这个定位会让你更加了解自己，到底擅长什么，更适合销售哪类产品。

1. 根据兴趣爱好给方向定位

每个人都有兴趣爱好。当你喜欢某件事情时，会愿意花时间去做这件事。会在做的过程中体会到真正的快乐，会让你更加充满激情、想象力和创造力。微商与普通创业不一样的是，它是一个经营圈子的生意，你完全可以根据自己的兴趣爱好来定位。比如“旅行社的丹麦”是一位旅游爱好者，这份爱好使她游览了一些国家和地区，为了省钱，她一般都会跟团旅行。正是这样的爱好和经历，让她对一些旅行社非常了解。为此，她做起了旅行社中介的工作。通过介绍旅行社给好友，让好友感受超值服务，旅行社通过她来招揽客户。通过兴趣她不仅完成了旅行的梦想，还建立了自己的事业。如今，她已经有了自己的团队和公司（如图 3-3 所示）。

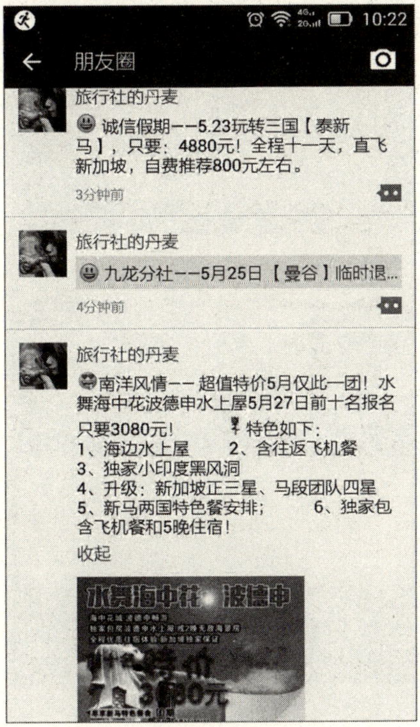

图 3-3　“旅行社的丹麦”朋友圈推广信息界面

2. 根据特长、资源给方向定位

每个人身上都有别人没有的东西，这个东西就是特长。利用特长做微商，更容易销售产品。比如：有些人是天生的吃货，已吃遍全国各地美食、土特产，那他适合做食品生意；有些人喜欢名牌，对国际品牌比较了解，就适合做代购；有些人有设计天赋，那可以做手工产品牛意或销售自己的创意……

那么，怎样才能给资源的方向定位呢？资源，就是指在某一个行业或者某一个领域里有一定的积累、经验或关系。做微商销售，可以利用这些资源、经验迅速建立圈子，吸引圈内的人购买产品。

在朋友圈有一位叫作“妮”的微商（如图 3-4 所示），她是一位中医美容师，在美容领域有几年的工作经验，通过这些年的学习和积累有了一定的知识与客户资源。建立了自己的圈子后，开始在朋友圈内销售与女生有关的产品。

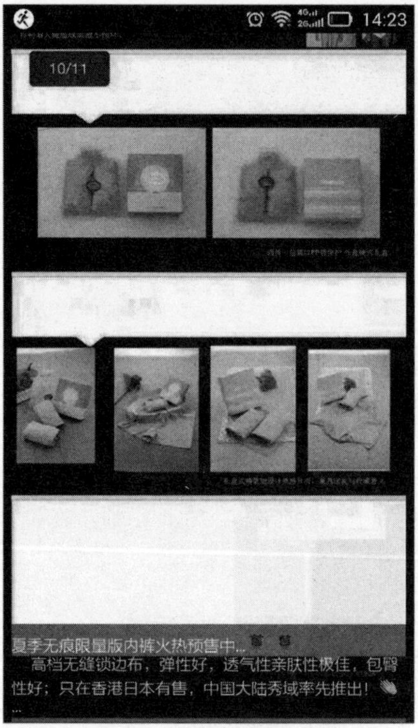

图 3-4 “妮”朋友圈产品推广信息界面

给自己在哪方面定位，就注定服务哪类用户。在定位前，还可以剖析自己的性格，了解自己更适合和哪类人群交往，哪类人群更喜欢自己。对自己了解越多定位也就越准确。

3.3 产品定位

任何销售都离不开产品，即使是站在台上的讲师，他销售的也是“思想”这种产品。所以，选择销售什么样的产品也是微商们遇到的最大问题。产品选对了，生意就会风生水起；产品选择错误，就很可能做很久却没有任何成绩。那么，怎样给微商的产品定位呢？

3.3.1 什么样的产品适合微商

进入什么样的圈子就销售什么样的产品，在定位时一定不能忘记圈子这个大环境。但在同一个圈子里，可销售的产品非常多。那么，选择什么样的产品来销售才能让利益最大化呢？

1. 附加值高的产品

微商的特点是做朋友生意。既然是朋友生意，就难免在前期为了友谊赠送朋友小礼物或产品，或者在服务方面做得更完善。在选择产品时，多从上家了解这方面的优惠政策。

2. 常销品

一件上千、上万元的产品利润虽然很高，但用户购买一次后可能不再购买。销售这类产品，需要不断寻找新用户，以保证生意能长久做下去；而常销品，虽然价格不高、利润低，但用户购买一次后会重复购买，只要有固定的老客户，就能将生意维持下去。细水长流的生意更容易出爆品，获取更大的利益，比如水果、面膜、食品……

3. 性价比高的产品

微商想把生意做好，需要扩大交际圈认识陌生用户，并把陌生人变成好朋友。扩大交际圈最快最有效的办法就是好友帮助传播，一件产品能在朋友圈畅销，同样离不开传播。不过，能够传播的产品，大多是质量可靠的产品。所以在选择产品时，可以选择性价比高的产品，这样才能提高自己的信任度，提高产品的口碑。

4. 定制个性产品

微商为客户提供了1对1服务，这完全能够满足每位客户的个性化需求，所以你可以根据自己的产品特色为客户打造定制产品。比如你销售茶叶，客户需要某种口感的茶，你可以根据他的喜好定制；你是做手工产品、服装、工艺品的微商，那就更容易个性定制了。满足了客户的需求，生意才能做得更好。

5. 显性产品

显性产品就是品质见长的产品；也就是通过时间检验，实践效果越来越显著的产品。客户看到实例，或在使用过程中体验到良好的产品特性，从而自发地分享和传播。这类产品会随着自身品质的不断提升，将新客户变成老客户。比如，美容美体、纺织品、农产品等。

6. 稀缺少见产品

网络将世界各地的风景、美食、特产、人文等输送到了网友面前，让世界变得新奇起来。不少网友对异国他乡的产品非常有兴趣，这让许多身处国外的中国人做起了代购的生意。如果你有这方面的资源，也可以满足那些热爱奇珍异宝、地域特色的好友，利用稀缺、少见的产品达到营销的目的。

3.3.2 微商产品定位策略

微商可以选择销售的产品非常多，但并不是所有的产品都靠谱。有些产品在微商领域突然兴起，但很快消失，而有些产品看似不起眼，品牌却越做越大。传统行业进入微商领域，想与微商品牌角逐，即使是成熟的大品牌也未必占得优势。因为对于传统行业而言，微商领域是一个陌生环境，在新领域里做销售还需要重新定位产品。

1. 用户思维

在朋友圈推广信息，并非只是将产品图片发出去这么简单，真正有意义的推广能够建立人与人之间微妙的关系。如果推广的信息是他们喜欢的，他们会继续关注；如果不是他们将会屏蔽你的信息。但是，对成功的营销来说只让他们产生兴趣是远远不够的，重要的是让他们加入你的圈子，并购买产品。想做到这些，就需要了解用户的想法和思维模式；也就是说，你必须根据大部分或特定人群的思维来选择定位产品属性。比如：你的朋友圈大多是孩子的妈妈，那么销售童装、儿童书籍、学习用品是非常好的产品定位。那些还没有孩子的好友，自然不是你的准客户，也没必要将精力放在他们身上。

在微信朋友圈有一位叫作“毕盈”的微商（如图 3-5 所示），之前的工作使她结识了许多女性，这让她积累了一定的资源，后来她辞职做女性保健品和美容护肤产品，做得非常不错。她的成功主要在于产品的定位，通过身边好友的需要定位所销售的产品，这让每一位女性朋友都能成为她的客户。

图 3-5　“毕盈”微信朋友圈界面

2. 大众熟知的产品

许多微商还没来得及给自己定位，就被好友推荐做了代理商。适合好友圈子的产品，未必适合你的圈子，这样就会出现定位不准确的问题。不仅如此，由于与好友有着天然的信任关系，最初不会质疑产品的质量问题，不管有没有售后保障、效果能否让顾客满意就开始推广产品，导致问题出现时得不到及时的处理，让你的第一次微商生意失败。

如果你还没有适合的产品，这时一定不能着急，宁可先做大品牌的产品，也不要贪图利润去销售自己完全不了解的产品。因为大品牌会提高你的信任度，避免不必要的麻烦。由于你销售的是大厂家产品，产品的质量、售后服务也能由厂家来负责，可以省去你不少时间。

3. 自己熟悉的新品牌

微商想要多赚钱，小品牌的利润自然会更高。但在选择产品的时候，一定要亲自试验过，以了解产品的效果以及适合什么样的人群，产品能够被什么样的人群接受……有了这些分析后，才能定位更准确。

不过，在刚开始销售时，尽量少囤货，不要被拿货越多，价格越便宜的说辞诱惑，也不要急着招代理。一定要让产品渗透到朋友圈，听取好友对产品的意见。当口碑越来越好时，再来招代理就会轻而易举。这才能让好友看到你的团队在不断扩大，也就越发信任你。有了这样的信任和口碑，代理商销售起产品来才更容易。

4. 自己喜欢的品牌

做自己喜欢的事就会尽心尽力，即使失败了也会很开心，重在参与的过程。做微商也可以根据自我喜好来寻找喜欢的产品，这样即使没有成绩，也能把微商当作一生活生活方式，在快乐中营销。

“第二影子”是一位报社的编辑（如图 3-6 所示），同时也是一位自由作者。通过自己的工作和爱好她结交了许多喜爱自己的读者和作者，而她在生活中，又是一位注重生活质量、生活品位的人。为此，她将自己喜欢的面膜、护肤品、有情调的酒吧、咖啡馆等推荐给自己的好友，并用产品图片、内容软营销的方式推荐产品，无论好友购买与否她都觉得很开心。

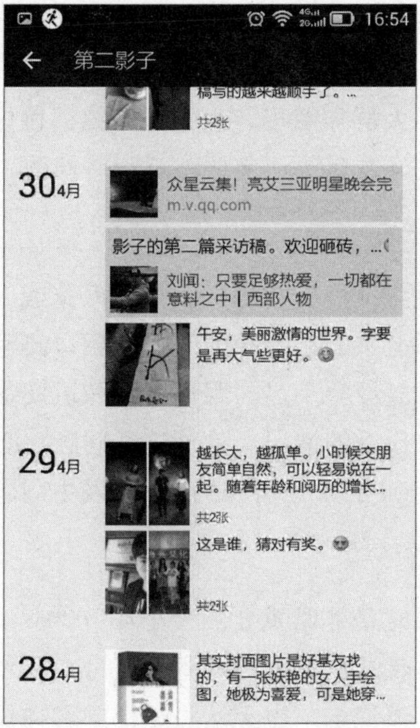

图 3-6 “第二影子”微信朋友圈界面

有许多微商定位好产品并销售一段时间后，由于生意做得不错就会不断上新品；有的微商则是听到圈子里的好友需要什么就上架什么产品，不管大多数好友是否也有这样的需求；还有的则是选择多种品类来经营，以为这样可以满足好友多种需求。但越是这样，好友越会觉得你不可靠，因为他们越来越搞不清楚你到底是销售什么的，以至于最后连最初维护好的客户都会跑掉。所以，给产品定位时，一定要记得这不是一个杂货铺，要根据好友们的需求来增加品类。

3.3.3 微商产品禁忌

你可能已经定位好了人群和圈子，也知道应该销售什么样的产品，但是，在朋友圈做推广，想要不被好友讨厌还需要注意一些问题。

1. 不能卖有问题的产品

微商的初步销售阶段可能没有货源，直接让厂家或上家帮助发货。由于你不能监管每单货，很可能因上家的粗心导致一些有质量问题、包装不够精美的产品流入客户手中。由于做微商经验不足，服务体系和退换货体系没有完善，会发生客户的满意度降低和客户投诉的情况。处理这类问题，必须在未做微商前就让上家保证售后，确保产品质量、品质是可靠的，以免发生问题时出现不负责任的情况。

2. 不能给客户良好的体验

互联网思维中，体验感是非常重要的一个环节。一次良好的购物体验，会带会客户愉悦的心情，然后形成裂变达到传播的目的。产品销售时，如果过于死板，没有体验感，客户不会印象深刻，也无法将这样的购物体验分享给身边的人。

3. 经常见到的产品

这类产品或品牌客户已经非常熟悉，他们可以通过更便捷的方式和途径获取。并且这类产品价格透明，在利润上不会占取很大的优势，完全不能体现微商的价值。微商是个人创业，每一单生意都关系着能否将生意继续维持下去，如果在在短时间内不能达到足够的营业额，会让你的微商之路越走越艰难。

4. 淘宝上的产品

用户打算购买某款产品，第一时间会去电商平台搜索。当用户来到淘宝后，产品的价格一目了然，他们会选择性价比较高的产品来购买。而微商并不像淘宝那样，通过直通车购买流量，每天销售成千上万的产品，实现薄利多销模式。微商走的是高利润、低成本、强关系的模式。如果把淘宝上常卖的产品放到微商平台销售，价格又高于淘宝，用户就会有一种上当受骗的感觉，导致连朋友都没得做。

3.4 模式定位

想要做好微商，就要形成一个完整的系统。但许多微商却把焦点放到了一些细节上。比如想要吸引更多的粉丝，一直紧盯着业绩的增长，把焦点都放到了寻找代理上……这些不是不可以，却忽略了整个微商模式的重要性。没有系统的模式，就会出现解决一个问题立即出现另外一个问题的情况，使创业很难有大的进步。有了系统的模式后，才能让生意更加稳固，使自己看得更加长远。

3.4.1 打造粉丝经济型微商

粉丝经济型模式，是以粉丝增长为主的模式。以前，只有明星、偶像才会有粉丝，现在每位普通的草根人人有机会打造自媒体，成为网络名人。拥有了粉丝后，针对粉丝展开销售，就能有一个不错的经济收入。而作为微商，想要打造出自己的粉丝经济，一是通过不断添加好友；二是通过微信公众号的分享来吸引粉丝关注。

1. 粉丝经济型的优点

使用添加好友这种模式，最大的优点就是简单、高效，只要有一部手机，让好友将你拉到各大群里，不停地添加好友就可以了；微信公众号做推广，可以让微商变得更专业，管理更统一，传播更高效。

2. 粉丝经济型的缺点

无论 QQ 号还是微信号，每个账号都有一定的人数限制，当微信账号里的好友有 5000 人时，就达到了上限。需要申请新的账号来重新添加新的好友。做营销时来回切换账号又比较麻烦，很可能导致无法及时回复好友信息。随着微商竞争越来越激烈，只在朋友圈刷广告的方法转化率极低，人人不喜欢。

而微信公众号的营销则需要更专业的营销内容，并且需要专业化的团队来策划主题、活动、宣传等。这给想要做微商的个人增加了不少难度。

3. 问题的解决办法

微信添加好友数量有限，目前主要依托第三方软件。一部手机上同时绑定30～50个微信号，在操作时就避免了切换、管理好友的麻烦。不过须注意的是，这种方法随时会被腾讯封号，让所有的资源瞬间丢失。所以，在推广过程中最好能够将广告做得软，避免投诉过多，被拉黑的次数过多。

采用微信公众号吸粉营销，主要通过不断学习让自己越来越专业，最好成为某领域里的专家，多去社交平台上宣传自己。

在微商还没有形成规模前，这样的模式还是有一定效果的。但如果想要长期使用这种方法，最终个人微商也要走向微信公众号的粉丝经济模式。你可以在起初通过微信来建立一定的人际关系，再逐渐开通微信公众号，并将好友引向微信公众平台，让自己越来越专业，让粉丝看到你的成长。

3.4.2 打造服务关系型微商

服务关系型微商，主要以服务为核心竞争力，搭建好朋友关系后，维护好朋友关系的销售模式。

添加好友达到一定数量，可以着手与他们成为朋友，建立基本情感关系。通过不断沟通，为好友提供优质的服务，从而建立强关系。因为客户数量有限，所以有精力与他们培养感情，借助强关系提高复购率。同时，沟通能筛选出大量优质客户，淘汰掉质量差的客户。经营一段时间后，优质客户会越来越多，从而保持客户的良性循环。

1. 服务关系型的优点

客户资源稳定，利润有保证。不用担心竞争对手将客户抢走。随着长时间经营和对客户的筛选，收益持续增长。由于是通过维护关系来营销，个人幸福生活指数大大提高，对开展新的项目和发展代理都有较大的帮助。

2. 服务关系型的缺点

微商生意刚起步时，收益不明显。需要付出大量时间来维护客户关系。对微商的个人素养要求较高，无法复制别人的方法。

3. 问题的解决办法

打通与客户之间关系最快速的办法，就是通过聊生活、聊爱好建立基本情感关系。关系打通后，可以有针对性地充当他生活里的专家。比如：你是卖服装的，可以讲一些穿衣打扮的知识；如果卖化妆品，可以带他们了解化妆方面的知识；如果销售婴幼儿产品，则更多的是与妈妈们谈论孩子的教育、健康等方面的知识……有了专业上的沟通，他们才能更信任你，从而相信你推荐的产品。

这种模式不仅要维护当下的客户，还要让他们宣传你、宣传产品，以获取更多目标客户。这比你自己添加好友来得更快，更精准。

3.4.3 打造代理渠道型微商

代理渠道型微商，就是自己不与客户接触，所有的重点都放在寻找代理上，相当于传统营销中的批发商。

1. 代理渠道型的优点

发展代理是让手底下的人赚钱，比直接发展客户要轻松得多。一旦代理商关系成功，就可以一劳永逸。由于有代理商帮助发展，品牌建立快，营业额高。在管理上，只需要管理代理商就可以了。

2. 代理渠道型的缺点

做批发商是需要一定的货源和产品价格优势的，这样才能将产品批发给手下的代理商，这对于普通个人微商而言，明显不适合。相对于粉丝经济型和服务关系型模式，你需要更专业的管理团队，如果不能严格控制产品价格、代理商与代理商之间的竞争、库存等问题，就会出现市场混乱的局面。你的代理商不一定只帮你销售产品，当他们有了自己的圈子和销售成绩，很可能去代理别的品牌。作为上家，你必须有专业的素养和知识来控制代理商的变数。

除此之外，最大的难题还来自于产品品质问题。一旦出现产品不当或质量问题，就会造成大面积的滞销或退货，这可能让你所有的努力和付出毁于一旦。

3. 问题解决办法

作为批发商，首先要对产品的质量严格把控，避免质量问题发生。其次，在代理商的管理问题上，最好创建一个群，将这些代理商组合到一起，让他们参与到活动策划、产品宣传的工作中来。当某一位代理商在实战中出现问题，也能共同想办法，同时避免同类问题发生。当整个代理团队有了团队意识，你就可以放手寻找新的代理了。最后，微商刚刚兴起，微商品牌也如雨后春笋般不断涌现，你要付出一些时间和精力了解新的品牌与新品牌的营销模式，以便及时了解对手做好调整。

3.4.4 打造品牌资源型微商

品牌资源型主要是以品牌提高竞争力，在众多产品中形成差异化的竞争优势。自微商开始出现以来，有许多微商品牌成立。移动互联网是去中心化，用户们选择产品容易受到身边人的影响。加上微信是做朋友生意，只要朋友一句话，就会形成裂变、自传播、即时传播，让一个品牌的创建形成成本和宣传时间成本大大降低。这种模式在未来，会让更多的微商效仿，打造出更多小众口味品牌，这些品牌联系着有共同价值观的人群。

1. 品牌资源型的优点

将产品打造为品牌，给产品增加了竞争力，同一产品，用户会因品牌区别而购买你的产品。在同质化的产品下，因为品牌不同，利润也不同。相较于普通品牌，独立的品牌也利于发展。

2. 品牌资源型的缺点

做品牌对于个人微商而言无疑门槛有些过高；对于企业而言，在不了解移动互联网营销的情况下，想要打造出一个成功的微商品牌，注定要走一些弯路。

3. 问题解决办法

想要打造一个成熟的微商品牌，必须建立专业的团队。无论是产品定位、价格还是宣传模式都需要了解互联网的人才加入。

在过去一年的时间里，微品牌不断涌现，美妆类的品牌更是做得非常成功。比如俏十岁、奇迹、天使之魅等。这些品牌进入微商后，似乎一夜之间遍布朋友圈、QQ 空间。一个单品面膜，在没有任何基础和传统渠道支持的情况下，仅仅靠微商的分享、裂变就迅速将销售额做到了上亿元。

3.4.5 打造O2O型微商

O2O，全称为Online To Offline，也可以称为线上线下电子商务。就是把线上的消费者带到现实的商店里去，在线上支付线下商品的货款、服务，再到线下去享受企业提供的产品、服务。比如团购美食、网上订酒店、网上订票等。对于这类销售模式和推广策略，微商可以借助自己的平台完成线上与线下的结合。

1. O2O型的优点

O2O的最大优势是将线上和线下完美结合到一起。借助移动互联网打破了传统的时间、空间限制，可以随时随地下单，给客户多种选择多种体验，让客户时时感受到生活的便捷享受到极致的服务。对于微商，通过线上的产品展示，带动了线下的产品销售，给许多企业和店家带来更多销售渠道和机会。

2. O2O型的缺点

O2O的模式是由线上带动线下，有一定的区域限制；如果微商开设的是线上消费线下体验服务，必须建立体验中心，增加人员、场地的资金投入。

对于有实业的商家而言，O2O营销是一种不错的模式，不仅为产品销售找到另一种路，还帮助产品做了宣传。由于商家有自己的实体店，在招代理时比只做电商的品牌更有竞争力，实体店让客户和代理商觉得更踏实。

3.5 营销策略定位

移动互联网的销售模式与传统销售模式、互联网销售模式有着极大的差异。你不能等客户上门选购产品，更无法购买流量增加点击。微商必须借助移动互联网的优势做营销。

1. 万事以用户体验为主

浏览朋友圈、QQ 空间时，不难发现微商们经常晒客户的使用效果、感受、对服务的满意度等。当某位客户被晒出来，他们很愿意转发你的信息，提高你的和产品的曝光率。当客户的好友看到该信息，有需求的会主动询问，这时口碑营销就会形成。

从另外一个方面来讲，无论电商还是移动网络营销，用户都是通过图片来选择产品的，无法代替超市更直观的体验。在他们不了解产品的情况下，必须为他们提供产品以外的体验感，像服务、快递速度、售后等。

2. 给用户定位很重要

做市场营销，首先要根据销售的产品给用户定位，然后再根据产品的特点分析用户，最后再来分析用户的消费理念、收入水平、地域差别等。将市场分析得越精细，打通销售系统也就越简单。

（1）**是否适合**。在给用户定位时，首先要考虑该产品是否适合这些人群。你不能把婴儿服装卖给一位不到 20 岁的男生。虽然他很可能，打算给刚出生的侄女 / 子或外甥 / 女送一件礼物，但这种概率太小了。与其花大量时间向非目标人群推广，不如将这些精力放到适合的人群身上，提高复购率。所以，人群定位不准，所有的努力都近乎白费。

（2）**是否有购买力**。定位好人群后，还要定位这些人群哪些人能够购买。同样是全职妈妈，有些妈妈会因经济原因无法购买价格较高的产品，而有些全职妈妈则更愿意购买品质好的产品；在微信群，不少人经常聊天，活动推出时他们表现得非常活跃，但他们未必是购买人群，他们很可能没有工作或者工作轻松但收入较低。如果做推广时，将这些也列为推广人群，就会浪费时间。比如在朋友圈推广面膜。有的较为便宜，一盒几十元，非常适合普通人群使用；而一盒上百元的面膜，则更适合注重保养，收入较高的都市白领使用。如果混淆这两种人群，就会造成收入低的人群没有能力购买；收入较高人群，转而使用效果更好、品质更高的产品。

3. 找到人流所在地

每个微商的朋友圈子都是有限的，必须靠其他方法寻找适合推广的人群。这些人群经常出现在哪些地方，就要将销售做到哪些地方。比如天涯、微博、贴吧、社区等。

第 4 章

微产品：只卖对的产品

每个行业都有不同的核心产品，每个圈子又有着各自受欢迎的产品。在移动互联网强大的传播中，如果你的产品不可靠，不适合某个圈子，就会加速微商的灭亡。如果你还没有找到适合自己的产品，微商之路就不能真正地开始。

4.1 什么样的产品适合微商

朋友圈内销售产品大多是代购、假品牌、高仿名牌等。在最初，这些人赚了很多钱，现在做的人越来越多，钱越来越难赚。随着产品在微商市场不断调整，越来越多的品牌、产品涌现出来。到底选择哪种、哪款、哪家品牌呢？还真是非常令人头疼。

4.1.1 选产品的基本原则

微商营销的本质是通过个人品牌营销，达到口碑营销的目的。而产品的质量，是保证个人品牌营销成功的基础。如果在前期没有选择好产品，后期即使推广、宣传、售后做得再好，也无法让微商事业成功。产品起着至关重要的作用，在选择产品时，也必须秉承一些原则，才能让产品卖得更好。

1. 就近原则

在选择产品的时候，可以从自己身边的产品来选择。比如：销售自己家乡的产品，销售自己公司的产品，销售身边好友正销售的产品……

2. 就熟原则

微商营销就是经营自己的圈子。自己的圈子有什么样的人群，就应该销售什么样的产品。如果你是一位大学生，最好选择大学生需要的产品；如果你是一位老板，身边有不少企业家，最好选择企业家需要的产品，像高端手表、高尔夫球杆、企业培训等；如果你是一位女性，那么护肤、美容、塑身类产品就是比较适合的选择。

3. 就源原则

微商想要做大，一般会采取招代理的方式。如果作为个人微商，想要起步较高直接招代理，可以选择与厂家合作或者代运营的方式拿到一手货源。

4.1.2 选产品的基本要素

一款好的产品不仅能提升人气、口碑，还能提升用户对你的信任感。不过，在选择产品时，同一类产品，也有真假、价格、质量、成分等区分。在掌握了选择产品的基本原则之后，接下来了解一下选择一款好产品的基本要素。

1. 品质够硬的产品

微营销主要营销熟悉的圈子。在这个圈子里，大多数都是你的好友，他们对你有着天然的信任关系。如果你销售给他们的产品是假货、A货残次品，就会让好友对你失去信任。这不仅会影响产品的销量，还会让你在这个圈子里无法混下去。所以，不能把信任当儿戏。想要在圈子里永远混下去，一定要选择品质过硬、质量有保证的产品。

2. 通用性较强的产品

如果是个人，初次做微商，选择的产品最好是大众需要的产品。这类产品消费人群较多、较大众。这不仅能保证产品销售出去，还能满足业务扩张的需要。比如生活日用品、美容护肤、礼品、保健品等。除非你的圈子特殊，有产品需求，否则不要尝试字画、古董、茶具等小众产品的销售。

3. 容易展示、传播的产品

微商主要做手机生意，手机在显示方面不如电脑。许多微商经常犯的错误就是，将淘宝、电脑上的图片直接在朋友圈宣传。这让小小的手机完全无法展示图片真正的魅力，从而导致销售结果不理想。比如服装，一套服装的上身效果，如果用全景会导致模特较小看不清真实细节；使用半身效果图又无法看到搭配后呈现的整体效果。为了避免这类问题发生，最好拍摄适合手机展示的产品图片。

4. 售后更简单的产品

产品销售过程中，如果没有完美的服务，会降低客户的体验感，轻者客户抱怨，重者形成不良口碑，影响日后销售。为了让服务更完善，最好的办法是选择一次性购物，不用考虑售后的产品。比如食品、面膜等。客户收到货打开就能使用，完全不用担心售后问题。但如果销售家电、电子产品等，就会牵涉到维修等售后服务。

在选择产品时，大部分产品不能一次满足多种要求。如果所选择的产品在某一方面有缺憾，可以尽力弥补该方面的不足。比如：选择的产品通用性较差，在宣传时尽力宣传该类产品许多用户已使用，是一件大众消费品；或结合热点，提高用户对产品的认识，成功避开产品的不足。没有哪件产品尽善尽美，但一件产品只要做到了两到三种选项，就是可以直接销售的产品了。

4.1.3 预测产品是否畅销的基本手段

大多数厂家在生产一款产品之前，都会了解市场的真实需求，仔细做好调研，然后再生产加工，进行销售。而对于大多数微商来讲却恰恰相反，他们大部分是看到了一款产品，不管合适不合适，先销售再说。所以，你会看到大多数微商失败了。最大的原因是他们不够专业，在不了解大众和产品的情况下，就贸然将产品投向了市场，最终当然得不到市场的反馈。而一位成功的微商，在推出产品之前一定做了大量的功课，其中就有产品预测。

1. 了解你的圈子，做详细的调查

你与你的朋友再熟悉，关系再好，当你将产品直接推销给他时，他可能碍于情面购买一次，只要不是需求产品，他日后不会再次购买。也就是说，他们不是你真正的客户。判断一位用户是不是你真实客户最简单的办法，就是在未推出产品之前，在你的圈子里进行调查。一部分选择你熟悉的朋友，一部分选择陌生好友（添加的新用户）。你可以通过聊天的方式询问他们，是否对该产品有需求，或者真正需要的是什么样的产品，也可以询问他们正在使用哪些产品等。同时，也需要让他们对你即将推出的产品提出一些意见或建议，找到他们不愿意购买的真正原因。除此之外，还可以将调查问卷发布到 QQ 空间、朋友圈、微博等，扩大调查面积，这样一下子就判断出产品推出时好友们的反应（如图 4-1 所示）。

图 4-1 QQ 空间产品调查界面

2. 通过查询淘宝关键词来调查

大多数微商销售的产品并不是自己制造生产的。对于一些产品来讲，如果产品需求量很大，那么在淘宝上销量一定非常高。在淘宝上输入相关关键词，如果搜索结果里该产品的单月成交记录过万件，那说明该类产品需求量是相当大的，这类产品做起来也更为容易；如果一款产品，在淘宝上搜索总共没有多少成交量，那么这样的产品就非常小众了。

比如你打算代理某款品牌的蚕丝面膜。打开淘宝后将“蚕丝面膜”关键词输入到搜索栏，搜索结果显示该产品需求量非常大，有些商家单品销量达到了三万多单。面对如此有需求的市场，产品做起来就非常容易了（如图 4-2 所示）。

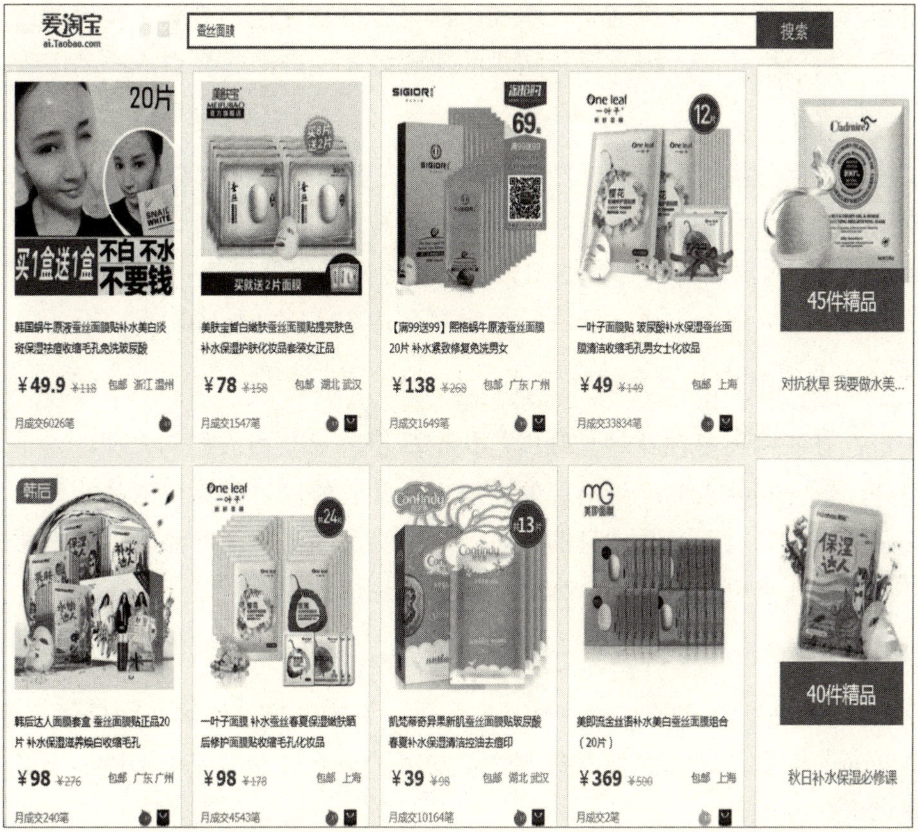

图 4-2 淘宝“蚕丝面膜”搜索结果页面

在淘宝上做调查的时候，可以使用“单价 + 销售量 = 总销售额”的公式。如果前十名总销量达到了 10 万元或者以上，说明该类目是可销售的。如果搜索结果出来之后，总销售额很低，说明你即使做该类产品，总销售额也是有限的。

4.1.4 快消品的 3 个特征

当互联网与营销结合到一起后，产品的销售顺应了网络的特点：快。无论是宣传、推出产品，还是寻找热门话题，动作越快，付出和损失就越小。如果产品在短时间内出现积压，就很可能会被市场淘汰。按照快节奏销售的产品分类，一般可分为耐用消费品和快速消费品。

耐用消费品就是日常生活中，购买一次可以多次使用或者长久使用的产品。这类产品一般价格较高，用户反复购买的次数较少，产品容易造成产品压货。如家电、家具等。

快速消费品使用时间较短，寿命也较短，许多为一次性消费品，单品价格低。用户购买这类产品后，需要反复购买，产品不易造成产品压货。比如面膜、零食等。因此，作为微商最好销售快速消费品，这样才能降低压货，在短时间内获利，让生意做得红红火火。那么，快消品一般都有什么样的特征呢？

1. 快消品具有产品本身的特殊性

无论在互联网还是在移动互联网，快消品更容易获得人们的青睐，由于单品价位不高，也容易使人们产生消费的欲望。除此之外，还因为快消品的宣传、包装等更能赢得人们对于产品本身的喜爱。一般快消品与普通产品也有着本质的区别，通过以下几点可以判断出什么样的产品才是快消品。

（1）大多数人需要该产品时可以就近购买，销售周期短，产品周转快。

（2）用户在购买产品时，很容易被广告、好友的推荐影响，明星代言也能影响一款产品的销量。比如面膜，身边的好友用了某款面膜后效果不错，很多人就会很愿意进行尝试。

（3）对快消品的品牌，用户一般没有什么依赖性。因为这类产品品牌众多，竞争激烈。因此，极少有用户长久使用同一品牌产品的情况。

（4）快消品一般没有产品本身的售后，无需指导使用产品。但并不意味着就不需要售后服务，只要用户提出问题，在最短的时间内解决，一般是没有问题的。

快消品价格便宜、品牌众多、宣传简单，与其他产品很容易区分开来。微商销售这类品牌产品很容易脱手，不会造成积压。在一定程度上，你几乎没有什么压力。

2. 快消品竞争激烈，渠道多样

快消品消耗频率较高，使用周期短，不同的群体都有对快消品的使用，这就要求快消品具有很高的便利性。因此，快消品的销售渠道也是多样的，从百货商场、批发市场到连锁商家、卖场、网络电商等都有它的身影，而微商，则是借助自己的平台为快消品增加了一条新的渠道。

快消品的销售渠道概括起来主要包括实体销售和虚拟销售。实体销售顾名思义，即顾客在实体店内看到产品后，决定是否购买。这是一种常见的销售模式，一般出现在批发市场、杂货店、大卖场、专卖店等。

实体销售以许多家终端为主，分布范围较广，通常以厂家寻找代理商为主。一款产品由代理商一级一级向下传递，能否传递到终端、传递到多少家店是企业研究的重点。

虚拟销售是指通过网络平台来销售产品。比如京东、天猫、淘宝、唯品会等，网友只要通过网络登录电商平台，足不出户就可以随心购物。

网络销售的模式方便了网友们选购的方式，但产品的多样化和较低的价格也让商家在销售时受到阻碍。在网络平台销售时，品牌的关注度依然较高，许多网友习惯购买同一款品牌和所信任商家的产品。

3. 快消品注重品牌维护

快消品属于重复购买类产品。由于快消品品牌较多，大众更换品牌次数过多，几乎对品牌没有强烈的主观意识，会随意地更换产品品牌。这表示一款快消品的质量决定了大众是否会继续购买该产品，只有品质过硬的产品他们才愿意重复购买。

企业在产品生产初期是很注重产品品质，但随着品牌做强做大，对品牌质量、声誉产生懈怠，在商场的大海里逐渐失去优势。比如化妆品。产品不断升级，不断开发新的产品和功效，导致产品的品质每况愈下，产品与产品之间十分相似，同质化现象非常严重。因此，想要打造出一款好的快消品，一定要在品质过硬的基础上不断推出新品，以品牌的名气、新品的功能来吸引用户购买。

4.2 去哪里寻找好货源

做微商的如果是企业，自然销售自己生产的产品；但如果是个人，想要做微商还要寻找到供货的渠道。可是，去哪里找到好货源呢？

4.2.1 找到供货的平台

网络丰富了人们的生活，也让想要创业的人多了一些机会。网上不是流行一句话“万事不明问百度”吗？没错，想要找货源自然少不了要百度一下。

1. 百度

在百度上搜索“微商货源”或“微商代理”可以出现许多相关信息（如图 4-3 所示）。

除了有厂家直招的代理外，还有一些不错的微商货源网站。比如拿货网、微商货源网、微商货源第一网等。

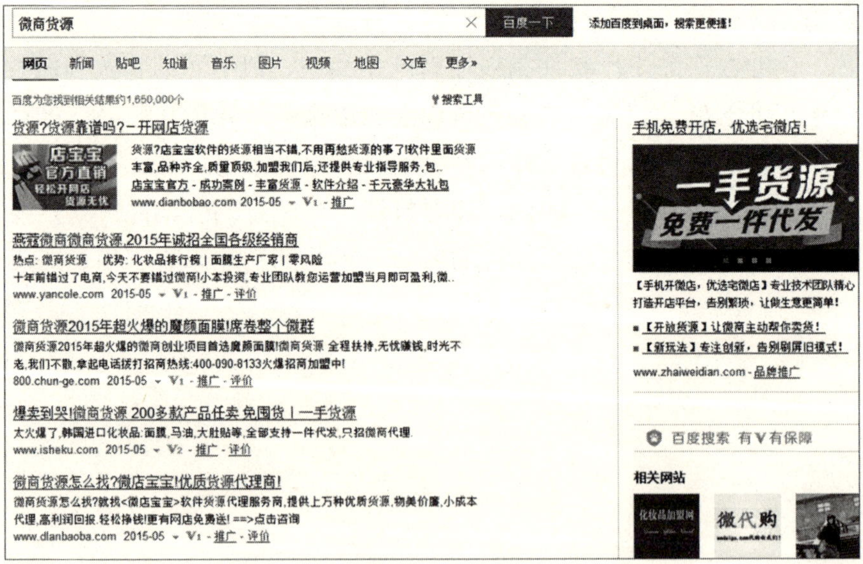

图 4-3 百度搜索“微商货源”结果页面

2. QQ 群

QQ 群是一个有着共同爱好、兴趣、价值观的部落，通过 QQ 群将一部分有共同需求、爱好的人组合到一起。微商群体也有着许多的 QQ 群，他们在群里讨论宣传方法、产品特点等。那么，你也可以在 QQ 群查找里搜索与微商货源相关的群（如图 4-4 所示），然后在群里寻找适合的货源。因为你与你的上家是面对面的关系，当你在销售中出现任何问题时，可以直接与他交流。

图 4-4 QQ 群搜索“微商货源”结果页面

3. 微信公众平台

微商有多种宣传渠道，除了 QQ 空间、朋友圈外，微信公众号（如图 4-5 所示）也是宣传渠道之一。既然微商知道借助微信公众号平台来宣传自己，微商品牌也不会放过这个好用宣传效果又好的平台，许多货源也藏在一个个微信平台上。登录微信后，在添加微信公众号的菜单里搜索“微商货源”，许多供货商的平台就会被搜索出来。

图 4-5 微信搜索“微商货源”结果界面

除了这些最便利的平台，微博、论坛、贴吧等也有大量供货商入驻。你可以在多家平台上搜索，在同类产品中进行比较，选择出最适合自己销售的产品。

4.2.2 找到常规的批发网站

做微商不一定只卖微商品牌的产品，还可以销售常规品牌的产品。寻找常规产品最简单的办法就是去你所在地的批发市场去寻找，通过观察产品批发量也多少可以判断出产品的需求；如果不想那么辛苦，只想做一个足不出户或者赚取代理费的微商，你还可以通过互联网来寻找货源。

1. 阿里巴巴

阿里巴巴（如图 4-6 所示）是一家国际化的互联网公司，致力为全球所有人创造便捷的交易渠道，是中国领先的小企业贸易电子商务平台。在阿里巴巴平台上，产品品类齐全，品牌多样，只要你购买一定数量的产品，就可以享受到独特的批发价格。该平台是个人、中小企业对接服务最全面、最安全、最便捷的平台。

图 4-6 阿里巴巴主页面

2. 189 批发网

189 批发网（如图 4-7 所示）主打小商品批发。该网站的商品大多是地摊货，但不影响做微商销售。这些产品批发价格低，在市面上零售价格却很高，大多是人们日常生活中所需产品。由于单品价格较低，在宣传推广时很容易让人动心。

3. 服装批发市场网

服装批发市场网（如图 4-8 所示）是一个网罗全国各大城市服装批发市场信息的网站。登录该网站后，你可以查询全国各地的服装批发市场信息以及地址。这对想要做服装销售的微商非常有帮助。即使你的货源来自网络，也可以通过逛批发市场了解同类服装的批发价格、产品质量、市场行情等。

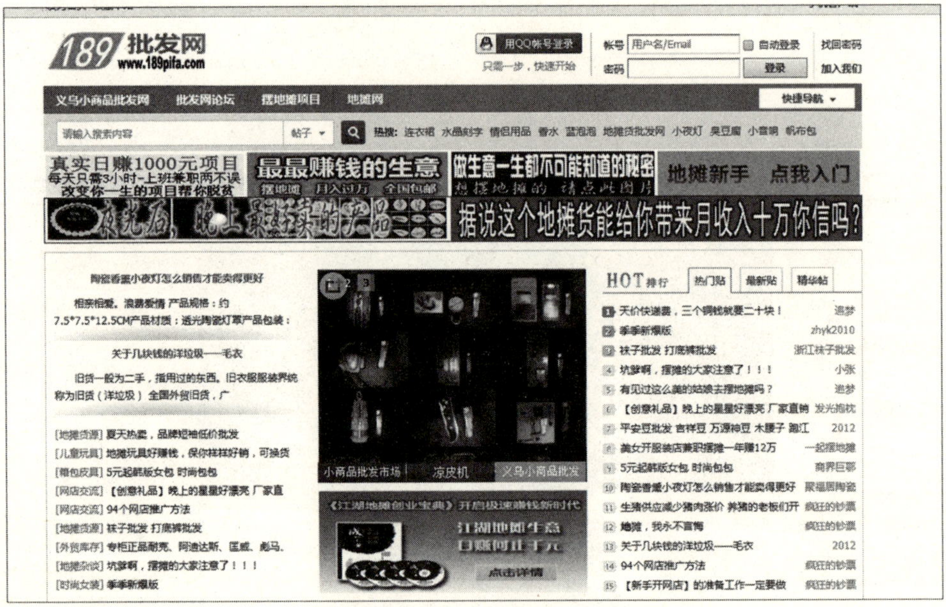

图 4-7 189 批发网主页面

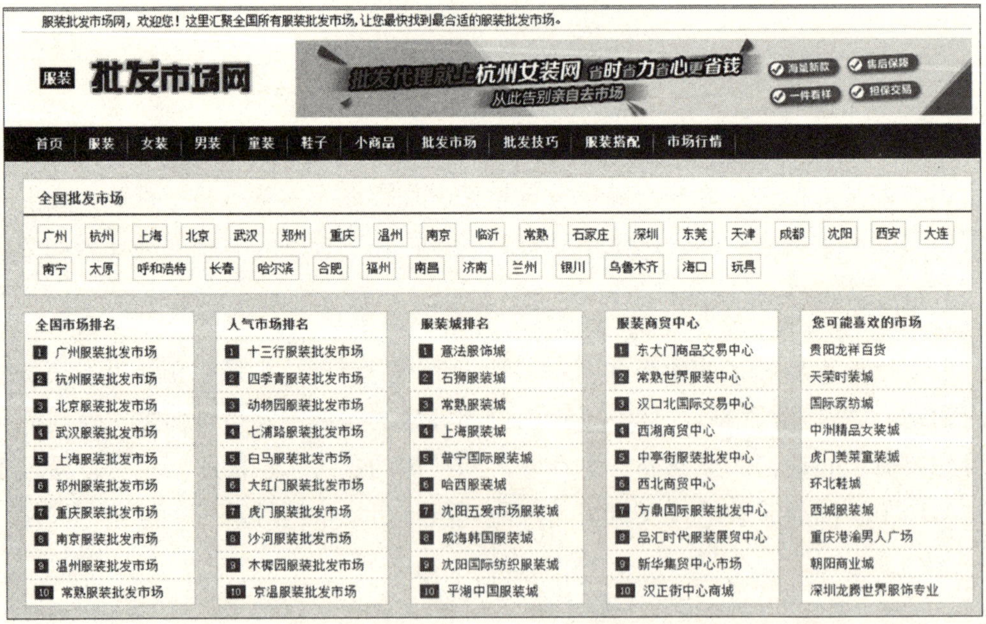

图 4-8 服装批发市场网主页面

现在网络如此发达，只要用心在网络上搜索，还能找到更多的批发网站。不过，也要擦亮眼睛，甄别出那些不良商家，以防上当受骗。

4.2.3 关注招商信息

想要做微商就必须经常关注业内动态，做到时时了解市场信息、用户需求。至于手中有一定资金、打算做自己渠道的微商想要寻找货源，也不能放过这些业内动态的发布。

目前，一些知名厂家制定好微商战略后，通常会举行新闻发布会。发布会的内容也会特别强调“微商招商”“微商代理”等关键词（如图 4-9 所示）。你要做的，就是搜索这些关键词，寻找到适合的厂家和产品。如果有可靠的消息和关系，还可以亲自去发布会现场。

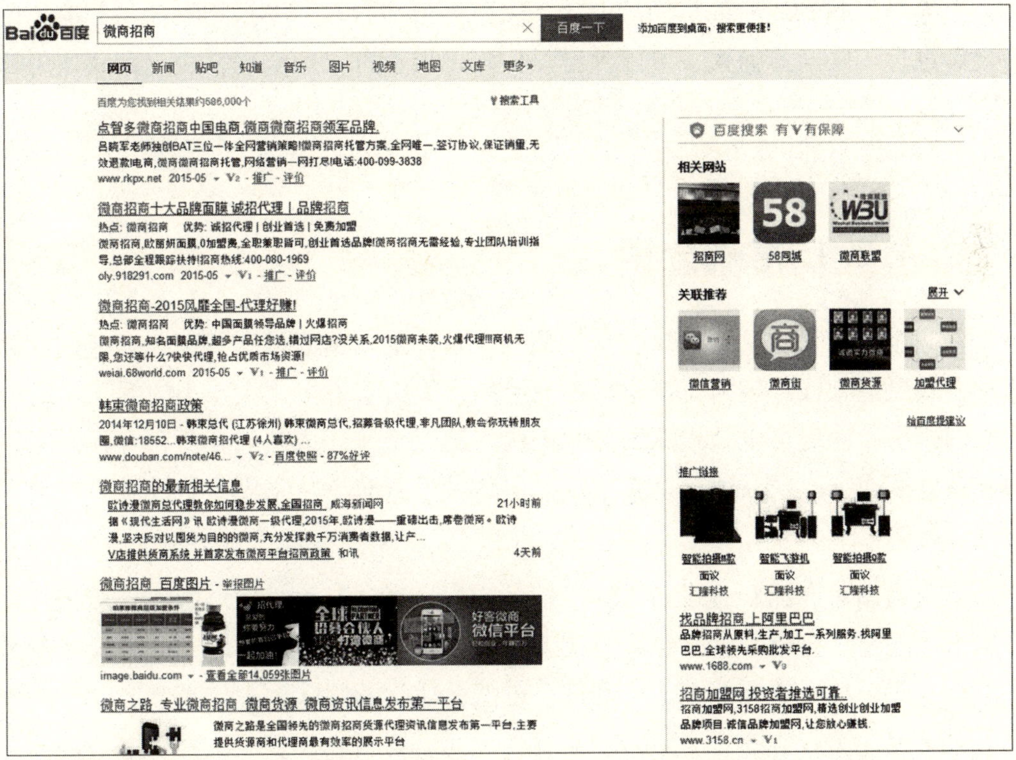

图 4-9 百度搜索“微商招商”结果页面

知名厂家的产品已在大众心目中有了一定的地位和认可度，销售这些品牌的产品不仅可以保证产品的质量，也能保证厂家的真实性。

另外，微商品牌在宣传时，也会借助微商行业内的博览会来进行。如果你有时间，也可以参加大型的博览会，从中选择出适合自己销售的产品。寻找这些信息时，可以通过百度搜索、电商/微商类官方微博、论坛等平台来查询。

4.3 微商产品合作的3种模式

个人微商找到适合的货源后，接下来就要洽谈合作。不过，微商与厂家之间的合作也有一些固定的模式可以参考，你可以根据自己的情况来决定到底使用哪种。

4.3.1 常规分销

作为个人微商，许多商家在最开始找到货源后，就直接招代理了。他们认为这种方式更能赚钱。因为每一位代理商手底下又有着许多大大小小的圈子，通过他们的推广，一定可以让生意发展得更快。这对于一些成熟的企业和有强大团队的微商商家而言，发展速度确实更快，但这种模式对于从来没有做过微商的个人是不可取的。

个人微商对产品和市场还不够了解，没有足够经验，如果这个时候直接招代理，一旦出现问题，会因为没有经验而束手无策；当产品得不到市场认可，代理商由于没有专业、统一的管理无法盈利，很可能会让你的团队失去信心。

个人微商在最开始时，最好按照常规套路直接寻找产品，做厂家的分销商。这种方式无须投资、无须压货，风险较小。在你日后产品的宣传中，可以积累大量的客户和经验，如果产品出现问题或不被市场接受，可以随意调整产品，通过分析摸索找出适合自己的产品。有了足够的经验和对市场培养了敏锐的市场观察后，再来招代理就会容易得多。由于你对产品、市场有足够的了解，当代理商出现问题时，你能很轻松地处理这些问题，并且懂得如何让微商个体赚到钱。有了这些基础保证，你的事业才能越做越大。

4.3.2 代运营

在互联网电商时代，代运营模式发展较为成熟，已经形成了自己的规模。无数的传统企业投身到电商平台，但由于不懂互联网也不懂电商，许多企业做得并不理想。这时，代运营模式出现。只要企业想做互联网电商生意，完全可以将产品外包给这样的公司，它们完全能够满足企业的需求，帮助企业销售产品、宣传品牌。

随着微商进入人们的视野，代运营模式也必定在微商领域发光发热。越来越多的品牌商必须要转型进入移动互联网市场。如果互联网帮助企业增加了新的销售渠道，那么移动互联网将会颠覆传统的销售模式。对于一个新的领域，企业需要代运营公司帮助它们在前期业务规划、渠道招募、微商城运营推广、订单处理以及后台仓储物流、客户服务等关节提供服务。

对企业而言，代运营是打通互联网、移动互联网的必备策略。它们借助自身的优势，帮助企业在不擅长的领域里经营得风生水起。企业只要将品牌产品交出去，就万事大吉了，这比自己摸石头过河更容易成功。

不过，企业也需要找到靠谱的，能够理解企业发展的代运营，这样它们才能对企业的优势和资源进行梳理，对品牌产品进行中长期的推广策划。如果企业只是为了进入微商，而把品牌产品交给代运营，如果产品进入市场后双方出现矛盾，不仅会让合作难以继续，甚至该领域的阵地都要失去。

4.3.3 OEM 品牌运营

许多传统企业在传统营销领域做得不错，品牌产品的质量也有保证。但它们在互联网、移动互联网这一块的运营却总是不得要领，又无法相信代运营商的能力，于是，就产生了新的运营模式——OEM 品牌运营。

OEM 品牌运营是指把传统品牌企业的生产制造能力与自身的品牌运营能力结合到一起，在原有产品的核心功能上，采用全新品牌，打造出专属微商品牌产品。这种模式产生后，企业不仅保护了自己的品牌产品，通过代运营商企业也成功进入到互联网的营销大军中。

移动互联网是去中心、碎片化的。用户在浏览信息中看到产品的宣传，新产品对他们更有吸引力。所以，代运营能够更大胆地来操作新产品的运营。企业可以与代运营公司合作，采取合资模式，这样才能保证产品的长久性。对于许多企业来讲，这种模式也是企业品牌未来进入移动互联网的一条捷径。

第5章

微思维：赚钱，从了解微商新思维开始

不知道从什么时候开始，网上流行“互联网思维”一词。不久后，又出现了“移动互联网思维”。网上讲“思维”的帖子、课程非常多，但对微商真正有帮助的却特别少。做微商时，如果你的思维不对，就无法找到真正适合的人群，投入就等于浪费。没有正确的思维就看不清微商之路，就谈不上成功的微商。

5.1 微商碎片化思维

在日常生活中，人们把大部分碎片化时间给了手机。等车的时候看新闻、聊天、刷微博；乘坐地铁时看电影、玩游戏、读电子书；购物时用手机查找店家信息，用手机结账……人们除了睡觉，余下的时间都与手机紧密地联系在一起。他们不需要时时盯着手机，但有消息推送到手机上，有好友与他们聊天，微博上有最新热门话题上榜，他们都能够根据消息提醒来看新内容。

移动互联网时代，就是各大企业、媒体、圈子将信息推送到手机上，用户用碎片时间来进行查看、浏览、回复等。因此，想要将微商生意做好，必须要了解移动互联网的碎片化思维。思考如何让用户利用碎片化的时间选择你推送的内容，并对它们进行有效的传播，同时，借助更多有价值的内容和个性化服务，进一步霸占他们的碎片化时间。

1. 碎片化思维带来的机遇

在北京、上海、广州等大城市里，排队、吃饭、购票、坐车、乘电梯等都是碎片化时间。之前，人们会在这些枯燥的时间里等待、发呆、聊天；如今，人们会利用这些时间玩手机，甚至在不影响工作的前提下，利用工作中的碎片化时间玩手机。

自从手机 QQ、微信、微博功能越来越丰富后，许多用户得了强迫症，每隔一段时间就会查看一次手机，生怕错过重要信息。以至于人们不能说清楚，是移动社交利用了我们的碎片化时间，还是我们用碎片化时间丰富了自己的生活。

在这样的情况下，企业进入用户的手机，肢解了他们的注意力，丰富了他们的生活，让他们的生活变得更为便捷。比如：躺到床上就能下单，使用手机就能订外卖，不用打电话就能享受企业的客服等。这些功能都是微商一次又一次的成功交易。碎片化的时间改变了人们的生活，也给微商带来了新的机遇。只要能让这些碎片时间属于你，你就有源源不断的生意。

2. 碎片化思维的运用

上天给每个人的时间都是固定的。当他的时间被一件事物占据时，他就无法抽出时间来做另外一件事。当用户用碎片时间聊天时，他就没办法浏览朋友圈，因此他就不能将时间给你。所以，你需要学会利用用户们的碎化片时间，让他们愿意抽出一部分时间来关注你，这样才能将营销做好。

（1）**找准用户浏览信息的时间点**。如果在微信朋友圈销售产品，想要确定某时间段是否是宣传的好时间段，一般可以通过查看朋友圈信息来判断。比如：在某个特定的时间段，刷朋友圈的好友特别多，通过长时间观察可以摸准该时间段，然后在这个时间段推出产品信息，就能获得好友的查看；另外，还可以通过朋友圈的回复来判断。当你发布一条信息，如果该时间段询问、评论剧多，也说明这个时间可以做营销。如果是借助微信公众号来推广，你通过查看后台数据、访问量来判断粉丝查看的人次、时间等。

（2）**给宣传的产品设计一个引爆点**。众所周知，用户在浏览信息时一般是快速的，他们甚至还来不及思考信息内容本身，就会被下一条信息吸引。这是碎片化思维带给我们的一个启示。就是说，当好友在朋友圈看到你的信息后，他们可能会在一瞬间被吸引，但还来不及思考是否需要购买，就会浏览下一条信息。面对这种情况，在宣传时必须找到引爆点，让他们在看到信息后迅速做决定，否定成交就会减半。他们思考的时间越久，对产品的成交就越不利。

互联网上电商平台，为了吸引网友们的注意，让他们在短时间内做决定，每个商品和按钮都是经过精心设计和测试过的。不同的颜色、关键词、风格会诱发网友们做出不同的选择。比如：立即购买和加入购物车，两个按钮所产生的交易是不同的。所以，在做微商时，产品呈现非常重要，很可能一次展示不成功，就会造成这次的推广完全失败。作为微商，需要根据不同的产品展示方式和产品不同的介绍风格来判断用户的喜好，这是相当大的挑战，但如果能够成功掌握好友们的心理，也等于微商的事业成功了大半。

5.2 微商的产品思维

在传统营销中，企业的品牌如果能够打响，其产品很容易被大众接受。但来到互联网时代后，随着品牌的不断增加，人们更多记住的是产品的感受、体验、效果。而在移动互联网时代，品牌必须让位给产品，只有好的产品才能带动品牌并使企业得到良好的发展。为什么这样说呢？诺基亚的 CEO 约玛·奥利拉也不明白这个问题，他曾经说：“我们并没有做错什么，但不知道为什么，我们输了。”

诺基亚品牌在全球手机品牌中连续 14 年市场份额排名第一。但自从全球进入智能化手机时代后，其销量反而下降。销量领先的品牌是苹果和三星。可见，人们更喜欢新奇、实用、满足他们需求的新产品，这个产品与品牌无关。在移动互联网时代，用户接收到的信息也大多是产品本身的，品牌思维已经被新时代的产品思维所代替。

1. 新品牌产品思维的重要性

在朋友圈、QQ 空间以及微博等平台，推出的信息大多以图片加文字的形式呈现（如图 5-1 所示）。用户在浏览信息时，第一时间看到的是图片，根据图片吸引他的程度来判断要不要看文字内容。由此可以推断出，吸引用户的是图片里的产品，而并非品牌。这时，你用文字介绍再多的品牌都无法吸引他们的兴趣，但如果你介绍的是与产品相关的信息，他们就对有兴趣的事物有了详细的了解，大脑里就会自动判断需不需要这款产品。

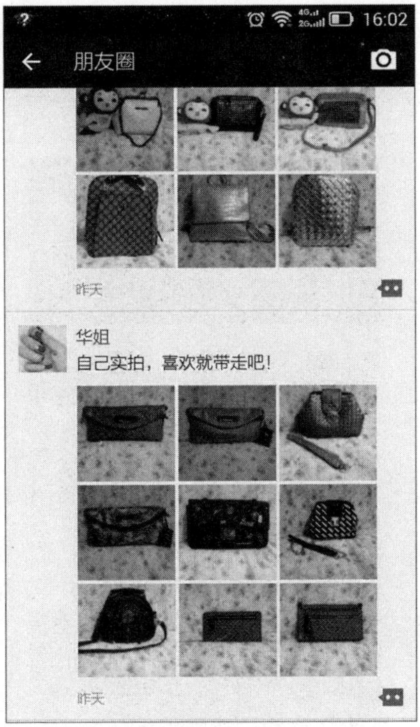

图 5-1　朋友圈信息呈现界面

2. 大品牌产品思维的重要性

市场同类、同质化产品非常多。无论一个企业品牌多么大，人们总容易被更好玩、更新奇的事物吸引。在产品与质量同等的前提下，人们更倾向于选择品牌产品，但在相同价格、相同质量，产品与众不同的情况下，品牌企业就会失去一部分消费者。个性化产品如果企业营销得非常好，很可能会成长为大品牌。在微商更注重产品思维的情况下，企业也需要改变思路。

奥利奥（如图 5-2 所示）诞生于 1912 年，是美国最畅销的夹心饼干，是全球巧克力味夹心饼干的代名词。作为这样一个品牌企业，奥利奥极其注重产品思维。打开奥利奥品牌官方微信公众号或微博，或看看电视上的广告宣传，无一不是在强调产品的好玩。无论是“扭一扭”“转一转”“舔一舔”还是微博、微信公众平台征集创意吃法，都是为了体现出产品的差异性、独特性。

图 5-2 奥利奥官方微信公众平台“历史浏览”界面

在高速发展的移动互联网时代，信息变得越来越透明。在透明的市场上，产品如何用户们一清二楚，包括产品的弱点、优点、效果、体验感等。因此将产品做好，才是企业发展的根本。

5.3 微商的播传思维

播传，是指发布了一条消息后，它会像长了翅膀一样自动去传播，带有裂变的性质。与播传不同的是，传播需要一个载体，一个接一个地将信息传递出去，如果传播者停止，信息就不再传递。在传统营销中，主要靠的就是消费者之间的传播；当营销来到移动互联网，一条信息推送出来，只要信息不删除，无论何时它都有机会传播。

1. 播传与传播到底有着怎样的区别

比如在商场、电商平台、微信公众平台，最常见的是打折、低价、买一送一活动，消费者被活动吸引，引发购物冲动，但他未必会将这样的活动告诉身边的朋友。因此，这样的促销模式是封闭的，但这种模式是大部分商家都在践行的。尤其企业产品来到电商和微商平台以后，为了能够吸引更多用户购买产品，企业依然使用降价的方法。虽然用户在这次活动中获益，但他不会主动帮助宣传。当同类产品，有其他商家开展了折扣更低的活动时，用户们会毫不犹豫地选择购买更便宜的产品。这种销售思维一般不会留住客户，还会让客户们觉得该产品廉价，一旦恢复原价，就无人再购买。

而播传思维则是一种扩销式的销售模式。当用户从你那里得到了好处后，他会通过分享的方式，将这种好处告诉身边的朋友；朋友再去影响他身边的朋友。这种模式会让宣传生生不息。

2. 怎样才能有效地达到播传的目的

首先，必须要知道的是，一个人的力量是有限的。即使某位用户再愿意帮助你播传，效果都不会那么理想。所以你必须有自己的社群，并且在这个社群内有一定的影响力，比如某领域专家、明星、公司老板等。你身边有了信服你的人或追随者，很容易建立起帮助你播传的社群。

其次，作为微商个体，可能还没有那样的影响力。那么第二步就是要建立自己的社群系统。如今市场已发生了巨大的变化。之前，企业调查了解大众需求，然后再来营销；现在，一些员工通过营销企业官方账号，直接接触网上的用户，员工比领导更了解用户的需求和喜好。当你用心经营个人品牌时，你就像是企业的员工，通过长时间与用户接触，能在这个社群里形成自己的影响力，再通过播传的模式，将这个社群不断扩大。

最后，无论做什么生意都必须了解市场，知道对手正在做什么。所以，关注对手的平台和对家的品牌发展也是非常重要的。你还可以查看用户对这些企业、产品的评价，了解你与其之间的差距。由于你与对手企业品牌差不多，如果你为用户提供更多服务，他们很愿意成为你的客户。因此，你应该给这些用户一些好处，或者培养你们之间的情感，尽可能地给他们一些惊喜。

5.4 微商的社群思维

物以类聚，人以群分，不同的群体，有着不同的特征。在互联网时代，不同的群体聚集在不同的平台，比如天涯、贴吧、微博等。只要网友愿意，他随时可以使用计算机上网，加入自己的“兴趣班”。而在移动互联网时代，社群分得更细致了，比如微信群、微信好友等。只有自己有兴趣的陌生人才会把它添加为好友；有共同爱好的群体才会组建成微信群。移动互联网的便捷性，使他们随时随地交流，当有好友或群成员发送消息，他们会查看信息，并参与其中。

1. 社群的基本特点

在移动互联网上，个体之间有着基本的联系，社群与社群之间也是开放的。比如用户在某个微信群内（如图 5-3 所示）与群成员有着基本联系，但该用户也活跃在其他微信群中，无形中两个微信群形成了一种关系。通过这个人，他们将信息分享给两个社群的成员，而群内每位成员，都有着这样的功能。

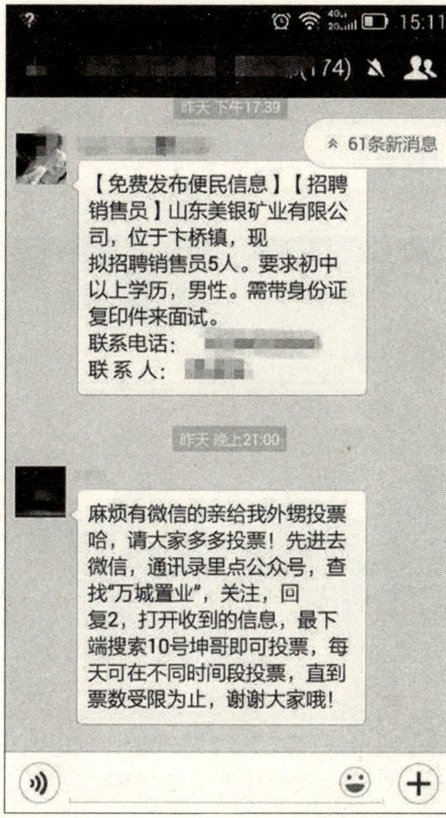

图 5-3 微信群聊天界面

2. 了解社群的基本规则

每个社群都由不同的人群组成。了解了每个社群的玩法，就可以针对不同的群体展开不同的营销策略。

（1）**高层社群**。高层是在现实生活中有一定权利、资源、影响力的人。这些人群比较注重生活品质。所以在销售时一定要根据产品的品位、品质等方面来讲述，这样就能得到他们的认可。

（2）**中层社群**。中层人群在现实生活中并没有绝对的话语权，但他们有自己的生活圈子和影响力，他们一般学历较高，对新鲜事物也有一定的了解，有自己的见地。他们在选择产品时一般也会发表自己的看法，注重产品的性价比。这些见地在群内能够影响更多的成员。所以一款好产品，他们能够主动帮助宣传。推出性价比高、能满足他们话语权的产品就能让产品销售得非常好。

（3）**基层社群**。基层人群中的成员是现实生活中最常见的人群。他们没有话语权，收入较低，没有很强的专业知识，在群内一般属于被动围观人群。他们不主动参与活动，甚至对推荐产品的成员心存芥蒂。但他们特别容易受到高层、中层两类人群的影响，从而盲目跟从（如图 5-4 所示）。

图 5-4 QQ 群聊天记录界面

因此，在销售产品时，需要根据不同的人群来设定不同的销售计划；也就是在一个群内，首先要搞定高层、中层人群，通过他们再来影响基层人群。这样产品就能将整个社群覆盖。

5.5 微商的迭代思维

迭代，就是不停地代换的意思，其目的是逼近所需目标或结果。而迭代思维则是，从小处着想，快速创新。任何一款产品面向市场，都有它的不足之处，而迭代思维就是通过不断改进和完善产品，让企业不至于淘汰掉。

在移动互联网时代，产品的竞争非常激烈。不知道从什么时候开始，代理、招代理、产品销售一夜之间兴起，微商品牌也在短时间内推出多家，如果你不能在短时间内推出新品，很可能被时代的浪潮淹没。因为你在研究产品时，对手已经用新产品占领了市场，用户们已经接受了新产品，你的产品就会因落后而惨遭淘汰。当一个企业在快速发展的时候，所面临的风险也是最小的，当速度慢下来，许多问题就会浮出水面。

1. 把握产品节奏是关键

对于微商而言，当一款产品有了一定的销量，就会着手尝试另外一款新产品。如果经营效果不错，又很可能在店内销售多种品牌。在推出新品时，把握什么样的节奏才是最适合的呢？

以苹果手机为例。对于苹果品牌来说，每年开创一个新品并不重要，重要的是如何有节奏地开创新品，同时把现有产品做到极致。只有做到最好，才能保证公司在领先的同时还能保证利润空间。如果一味开拓新品，但在品质、功能上与之前的产品相差不多，不仅会遭到客户的抱怨，而且不能保证利润空间。所以，苹果最重要的不是快速推出新品，而是保证新品推出后足够惊艳。

从苹果出品的两款产品，iPhone 和 iPad 来看，每一款产品升级都要间隔一两年。这一过程控制了产品的节奏和客户的需求节奏。从成本上看，第一代的研发必定要投入大量的资金。除此之外，产品的宣传、渠道的建立、人员等的费用也相当高。而产品升级时，研发成本会大大降低，由于渠道已经成熟，市场宣传推广也变得更加容易。

产品推出升级版，肯定不如第一代产品更能引领潮流。因为供应链已经成熟，市场趋向饱和，这是唯一的不足。

2. 敢于尝试不断更新

无论产品、渠道、还是推广方法，都需要第一时间去尝试，这个过程中会出现问题、发现错误。快速更新，就是为了减少问题的发生，有错误及时修正。比如，微信在最初进入移动互联网时，就是一个类似于 QQ 的软件，但在短短 4 个月的时间又推出了 2.0 版。随着微信不断升级，如今它不只是一款聊天的工具，更是一个信息分享、信息索取的平台。

迭代思维其实并不难，就是快和重复。但是如果想要运用这种思维来营销和做产品，只是快和重复是远远不够的。重复不过是一种表现形式，迭代真正的内涵是升华、积累、总结。

不过，在迭代的过程中必须明白的是，重复是尝试，是更新。它不是对产品一味地使用各种方法来投向市场，也不是对既定的大方向的否定。

5.6 微商的参与感思维

时代的发展，让人们的消费习惯发生了变化。过去，人们去百货市场、超市购物；后来，人们习惯到网络上去消费；现在，随着移动互联网的发展，人人是买家，人人亦是卖家，微商人人可做。点开朋友圈、QQ 空间，身边的朋友都已成为微商，这就是身边活生生的例子。

微商之所以发展如此之迅速，根本原因是它门槛低，人人可以参与。还有就是它的碎片化，用户用碎片化时间来购买，卖家用碎片化时间来发信息推广产品，你可以将它当作自己人生的事业，也可以把它当作一个利用业余时间赚钱的工具。客户可以变成卖家，卖家使用自己的产品也是买家，围观的用户们还可以评论，为产品点赞。只有让用户动起来，你才能听到更多的声音，销售更多的产品，这就是参与感。

1. 参与感的重要性

小米的成功，除了适合网络思维的快、准、狠，最重要的还有一点，就是参与感。为此小米还出了一本《小米口碑营销内部手册：参与感》，可见参与感已经成为一种新型的思维模式。

很多微商总是抱怨产品不好卖，却不肯在自己身上找原因。为什么这款产品没有引起好友的兴趣？为什么这款产品推广会失败？其实最根本的原因就是你还没有找到它独特的卖点，它还不能让用户参与进来。用户只对他们有兴趣的话题展开讨论。做微商不仅仅是做产品，更是做内容，做话题。

比如，中兴智能手机微信公众平台（如图5-5所示），为了让平台上的粉丝与企业互动，推出了“敢坚持晒故事，你，就是敢不同！”的活动。该活动抓住了粉丝们爱倾诉的心理，粉丝们很愿意主动参与进来。为了提高粉丝们的积极性和产品的知名度，该企业将手机新品“星星2号”作为奖励，只要参与到活动中，就能得到这款最新版手机。

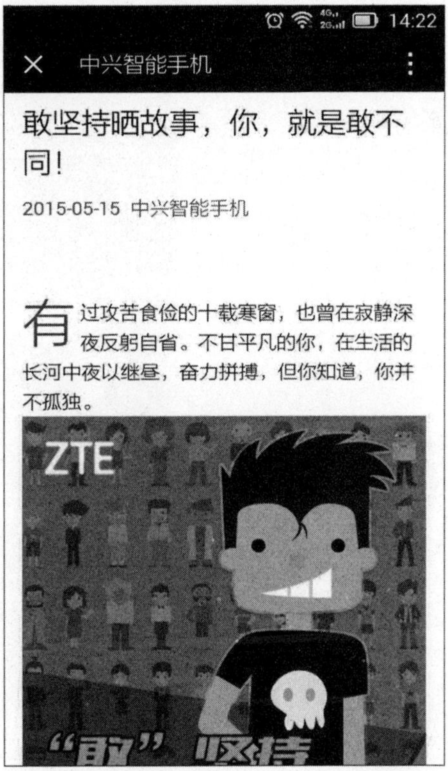

图5-5 中兴智能手机官方微信公众平台活动界面

想要让产品被更多的用户熟知或购买，必须要有一个能让他们参与的话题。这样，即使产品销售没有成功，超高人气也能带动品牌的知名度，加深用户对品牌的印象。

其实，有趣的话题、活动非常多，只要经常浏览微博、论坛、贴吧等产生热门话题的平台，就能找到属于自己的热门话题。

2. 要给产品增加创意

一个成功的热门话题，会带来一定的人气。但不能每次推广和宣传都使用同样的方法，最终落脚点还是要卖产品，总是在朋友圈、微信公众号、QQ 空间等平台推送产品信息，用户和粉丝会很反感的。想要增加好友的参与感，可以给产品增加一些创意。比如：在朋友圈推送关于生活信息时，用图片、话语带出产品信息来（如图 5-6 所示）；也可以将产品与动物、环境、人文等结合，增加趣味性；还可以利用个性标签，让产品更具独特性……

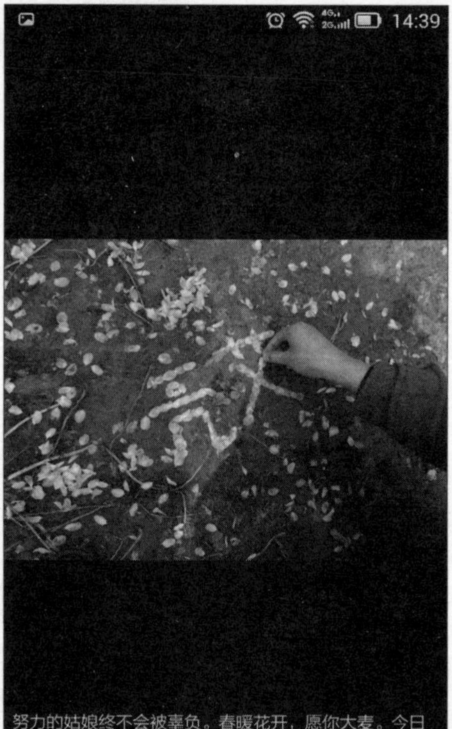

图 5-6 朋友圈个人信息界面

与生活相关的信息，总能引起好友的兴趣。他们在刷朋友圈时，很愿意参与到与生活相关的信息中。如果你的创意非常幽默、有意境，得到了好友们的喜爱，他们也许会将你的图片或信息转发到自己的朋友圈，这才是参与感真正的魅力。

5.7 微商的裂变思维

每个用户都不是一个独立的个体，他们背后是一个又一个圈子，每个圈子与圈子之间，又被不同的用户联系在一起。当一款产品出来后，如果能进入一个圈子，并通过这个圈子向另外一个圈子扩张，其发展速度是相当惊人的。这就是微商的裂变思维。许多微商品牌能够在很短的时间内刷遍朋友圈，用的就是裂变思维。

1. 分享裂变思维

微商、微信公众号的成功，主要靠的就是分享。分享到达的圈子越多，个人地位、名气、产品名气等越高。当你在一个庞大的社群面前销售产品，销量是惊人的。但是，想让一位又一位用户自动分享信息是很难的。他们知道你在打广告，想要销售产品，所以，越是不被察觉的广告就越受欢迎。

比如，森马服装品牌吸引年轻人的一大原因是因为代言人，该企业总是能请到当下最火的明星做代言。一些粉丝为了关注自己喜欢的偶像，就会关注所代言的品牌。或者看到明星款，就会产生购买的欲望。该企业为了让更多粉丝能够了解品牌的服装，将明星最新拍摄的照片，以“手机屏保”的名义来让粉丝们下载（如图 5-7 所示）。粉丝们在下载偶像图片信息时，下载的不仅是自己喜欢的明星，还有明星身上的服装，以及企业品牌的 LOGO。

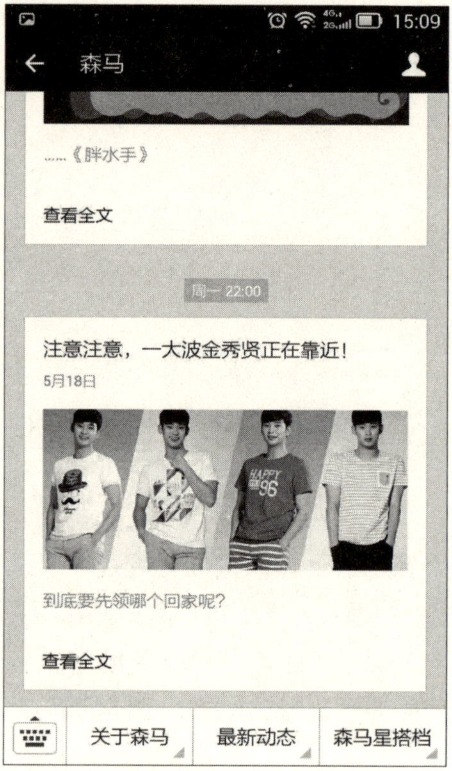

图 5-7 森马微信公众平台主界面

明星一般有自己的粉丝团，对明星了解越多，越能被粉丝团的人们记住并崇拜。当粉丝有了明星最新信息，就会将这些信息分享到明星粉丝团，比如贴吧、官方微博、QQ 群等。

2. 分销代理裂变思维

个人微商做到一定程度，下一个重要的环节就是招代理。代理又分为一级代理、二级代理、三级代理……依此类推，据说最多的招到了九级代理。当一级代理拿到产品，他不仅帮助销售产品，还让身边的好友成为了代理商。假设他招到了 3 位代理商，相当于扩大了 3 个圈子甚至更多。而他的代理商如果再用同样的方法……所以，一个微商产品很快刷遍大大小小的朋友圈，成为人人皆知的品牌，这就是另外一种裂变模式。招代理一般除了微信公众号、朋友圈、微信群外（如图 5-8 所示），微博、论坛、贴吧等也可以。

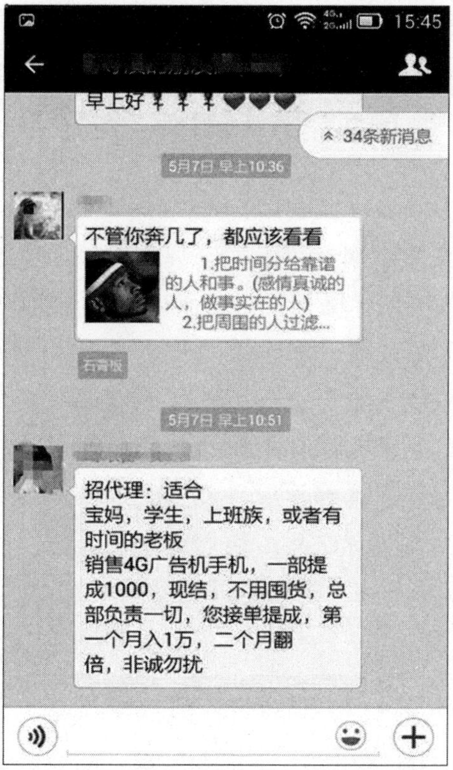

图 5-8 微信群内招代理信息界面

想要在移动互联网做微商，裂变思维是必备模式。有了这个意识后，可以通过不用的产品，展开不同的裂变方法。裂变的方法是多样的，除了基本的裂变模式外，还可以结合平台工具、大V名气、热门话题等进行设计。设计出来后再让你的代理团队、粉丝、好友来分享，最终达到裂变的目的。

5.8 微商的钢丝思维

什么是钢丝呢？什么又是钢丝思维呢？说到钢丝，就不得不提到粉丝，粉丝最早只属于明星所有。自从有了微博之后，微博上关注你的用户，就是你的粉丝。这个名称让用户的内心无限膨胀。粉丝拥有得越多，说明自己的地位、名气、影响力越大。一般来讲，粉丝忠诚于自己所崇拜的偶像或名人，甚至是不理性、无条件地喜欢。而钢丝呢？就是比铁杆粉丝还铁的粉丝，他们一般是从铁杆粉丝中产生，对于产品、名人的喜爱达到了尽乎疯狂的地步。只有钢丝才愿意与产品或企业共同成长，购买企业的所有产品。他们更愿意为自己的“情感”买单，有时候会疯狂地购买多款或批量购买。比如苹果产品的钢丝，他们购买其笔记本电脑后，还会购买其手机、iPad 等。

1. 培养自己的钢丝

互联网电商最初是以搜索为核心，卖方与买方通过搜索建立联系，然后达成交易。但交易结束后，双方关系就此中断，商家想要让更多的用户购买产品，就需要再次购买流量。

微商却不一样，它能建立人与人之间最基本的联系。当产品交易结束，你的客户依然在你的好友列表里，或还是你微信公众号的粉丝。对于经营粉丝的大 V，“罗辑思维”最有发言权。当罗辑思维推出“史上最无理”的付费会员制，仅仅用了半天的时间，5500 个会员名额就售罄，入账 160 万元，可见粉丝们的疯狂程度。

不过，细看一些成功的大 V，像鬼脚七、骑行西藏、汪越老师、老乔布斯等账号的成功，都是因为他们为粉线们提供了想要的内容。他们大多是某个领域里的专家，借助自己的专业知识达到了吸引粉丝的目的。

对于粉丝的培养，最好的办法就是借助自己的优势。比如通过你的特长、爱好、兴趣、专业等，找到属于你的圈子，通过不断扩大自己的圈子，来找到你的粉丝。当你有了一定的积累后，钢丝一定会越来越多。

2. 培养产品的钢丝

淘宝一直以价格战为主，在淘宝做生意的商家，只要价格便宜，就能吸引客户一波又一波来购买。习惯了这种购物模式的用户，就会爱上淘宝，无论需要购买什么产品，都先会去淘宝查一查价格，对比一下商家，然后再来购买。淘宝成功培养出了自己的钢丝，所以天猫双十一活动时，销售额才会逐年增加。

而产品钢丝最成功的莫过于小米了。喜欢小米的钢丝，会只是因为小米品牌而购买小米的手机、电视、充电宝、净化器。即使在他的生活中这些产品未必是即时需要的，他们就是愿意支持小米品牌。这最大的原因是小米几乎运用了所有的思维模式：参与感思维、裂变思维、产品思维、播传思维、社群思维、迭代思维以及钢丝思维，它是众多思维模式结合的产物。总而言之，想要培养产品的钢丝，必须让产品硬起来，必须全方位了解用户的需求。

过去，一件产品出现了问题，可能只有它的使用者知道。但现在是社群化了的，某件产品出了问题，整个社群很快会知道。所以作为微商的个人，人品也很重要。这不仅能培养你个人的钢丝，还能让别人更加信任你的产品。你必须知道，微商不是一锤子买卖，不是销售员与消费者的关系，客户是朋友，是你的粉丝，更是你的钢丝。

第 6 章

微关系：没有关系，就没有交易

关系是打通营销的基础。打通了关系，就等于走上了微商的“道”，之后，就能着手在自己的平台营销产品了。不过，如何才能真正地与客户建立良好的关系呢？为了能够让营销更成功，必须学习经营关系的技巧。

6.1 微关系——微商特有情感营销新模式

在传统营销和互联网时代，消费者有了需求就会购买相应的产品，很多时候推动消费者购买行为的是需求；而微商时代则是，用户在浏览信息或进行社交过程中看到了某件产品的宣传，从而产生购买需求。但用户购买产品所看重的并不是产品本身和价格，有一种可能就是达到情感上的满足，一种心理上的认同。

微商就是做朋友生意，有了情感上的交流，通过你的诱导，唤起他的消费需求。所以，与用户建立关系是打开营销的一个点，找到了这个点的使用方法，营销做起来也会变得相对容易许多。

1. 满足用户的情感

每个人都有一颗心，这颗心是柔软的，同时也是最刚硬的。如果你能走进用户的心，他就会因信任你而购买你的产品；但如果他无法认同你的价值观、人品，就不会购买你的产品。所以，你要学会满足用户的情感，而不是一味地阐述产品和自己认同的世界观。

比如一位写散文的作者，作者写书是为了销售，但如果经常在朋友圈打图书广告，也会引起朋友和读者的反感，还可能因为自己苦于卖书，而打破了读者对于一个作者“神迷的幻想”。因此，直接销售图片绝对不是好办法。但是如果将自己宣传图书时的活动行程发布到朋友圈，反而能引起大家对该作者的崇拜。他演讲的学校、签售的城市越多，在朋友圈好友心目中的地位也就越高。这时，如果朋友圈的好友能够索要到签名版图书，他们的情感就得到了极大的满足（如图6-1所示）。

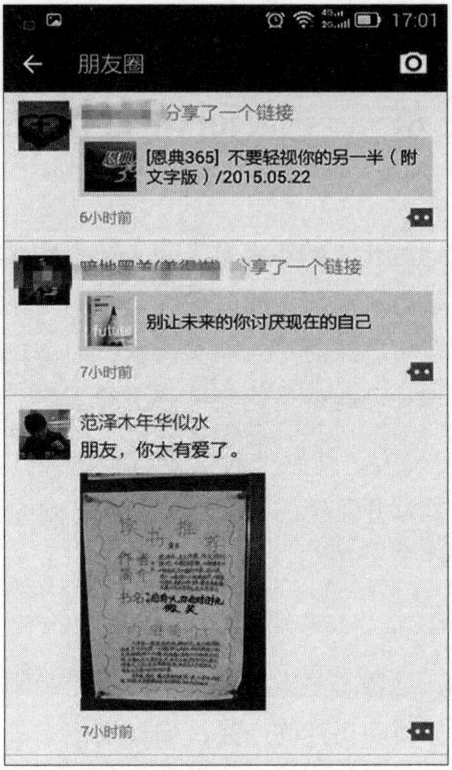

图 6-1 朋友圈信息浏览界面

2. 找到心理上的认同感

心理上的认同是容易理解的，好友因为认同你才愿意购买你的产品。在销售中，最常见的就是将用户变成好朋友，有了好朋友的基础，再来销售产品就容易多了。所以，微商就是先销售自己，和粉丝经济很类似。

在朋友圈有一位摄影师，他通过营销自己的摄影图片来营销 APP 和课程（如图 6-2 所示）。当朋友圈内的摄影爱好者，看到了这些专业的照片，就会很信任该摄影师的技术，从心理上产生认同感。如果有好友想要学习摄影知识，自然愿意信任自己熟悉的人。

图 6-2 朋友圈信息浏览界面

3. 让好友越来越喜欢你

好友分多种：有的是可以交心的；有的是一起吃喝玩乐的；还有一种是对你越了解越敬佩，喜欢你的……在生活中，自己可以随意保持任何一种友情关系，但如果放到营销中，最好的则是对你越来越敬佩的。因为，引起了对方的好感你才有下一步推销的机会。比如，你通过微信交流的方式帮助好友解决了生活中的困惑；给好友在工作上提供了专业的帮助；赠送好友一两个小礼品等。有了这些做基础，好友就会越来越喜欢你，觉得你很可靠。而这时你向好友推荐产品，只要是他们所需要的他们一般也很乐意购买。

在销售过程中，无论使用哪种情感方式，都必须要让好友感受到你的真诚。如果他们发现你建立所有的情感都是为了销售产品，就会引发反感。

6.2 微信任——做微商生意，如何才能建立信任的关系

互联网上的每一位用户都披着各种各样的马甲，导致人与人之间的信任降低。用户不可能看到你在朋友圈里发布产品信息就购买你的产品，在没有第三方担保的情况下，你拿什么来让用户信任呢？如果是几十元钱的产品，他们可能会尝试来购买，但如果是单品价格几百、几千元的产品呢？如果你的产品需要招代理，你的下线需要购货，那信任问题的解决就更显迫切了。

6.2.1 建立信任的方法

登录微信、微博、QQ 空间，总能看到各种添加好友，关注你的粉丝。这些粉丝和好友，很多是看到头像和简介直接不予通过或删除的。为什么？一看就是来打广告卖产品的。没有哪位用户希望自己的私生活被众多广告信息包围，更没有用户希望聊天时跟他打招呼的都是想卖给他产品的微商。所以，想要建立基本的信任，首先要保证能进入到用户的圈子里。

1. 保证账号的真实性

有的微商名字就是产品的名字，头像用的是产品 LOGO。这样的账号一般可以在“附近的人”来做宣传和推广，让使用该应用的用户看到你的信息。但如果是想要建立好友关系的话，就应该换一个账号了。

在这个账号里，你可以展示自己的真实生活、朋友，还可以将自己的账号昵称换成自己的真实姓名，以此来增加自己的信任感。用户添加好友后，一般都会先查看陌生好友的朋友圈信息，在心中有一个基本判断。所以，第一印象非常重要，这决定了他是否要查看你的朋友圈，是否要留你在他好友的名单里。

2. 客户需要长期培养

大部分用户在朋友圈发布个人信息是为了满足自己“晒”的欲望，还有一部分是为了炫耀，也有一部分是为了记录自己生活的点点滴滴……无论哪种用户，

当他们把信息发布到朋友圈后，没有人希望自己不被注意。被注意的方式是点赞或者评论。而作为微商的你，想要让好友记得你，建立彼此之间的友谊，就要学会点赞和评论（如图 6-3 所示）。这样不仅能增加你的曝光率，还能让好友觉得你很重视他。除此之外，节日的问候，平时的嘘寒问暖都要做好，都能帮助提高你的信任感。

图 6-3 朋友圈点赞信息界面

3. 有新闻、媒体报道等信息

如果用户对一款产品不了解，他会去淘宝查看信息和评价；如果用户对某个人不了解，他会去百度上查找相关信息。如果你的个人信息在网络上报道过，用户对你的信任感就会大大提高。

在朋友圈有一个叫作“捡人网 colin”的账号（如图 6-4 所示），该账号运营者是一对夫妻，他们是旅行爱好者。由于他们走过很多地方、去过很多国家，他们的独特经历被出版社看中，于是他们将自己的旅游经历和摄影作品做成一本游记出版，向旅游爱好者传递旅游经验介绍路上的故事。由于他们是少有的夫妻共同旅行，又有图书作品出版，因此他们的事迹被多家媒体争相报道。有了这些报道，这对夫妻有了更大的名气，他们的经验也就更值得信任。

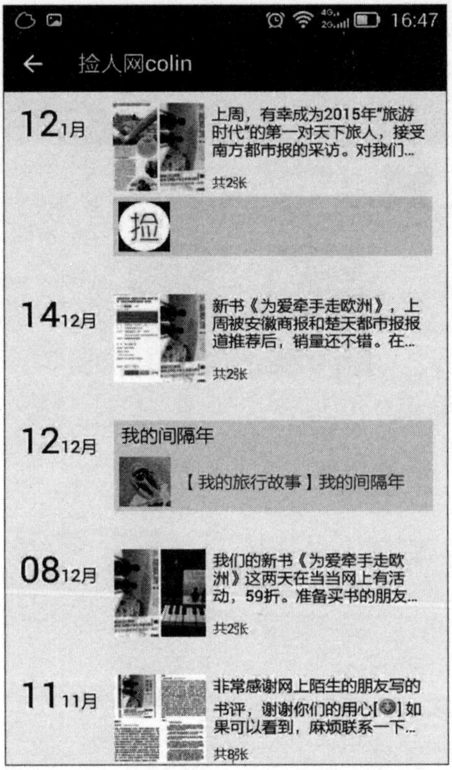

图 6-4 "捡人网 colin" 朋友圈界面

对于大部分微商来讲，被媒体报道的机会并不是很多。但如果有必要，有一定的宣传活动资金，可以花钱购买新闻网的媒体报道。当你的朋友圈转载了个人报道信息或产品信息时，好友看到就会更加信任你。

4. 个人认证信息

微博、QQ 微博等平台，可以为个人信息提供认证服务。只要保证提交的信息是真实可靠的，这些平台都给予"加 V"。加 V 后，就相当于有了个人的官方平台。无论在微博上销售产品，还是将微博上的内容分享到朋友圈，当好友看到你是加

V用户，你的信任度就会得到相应的提升。

5. 第三方担保

许多用户在做微商之前，可能是淘宝商家，而微商只是一种宣传的新手段。作为微商，你还可以去注册一个淘宝店，通过淘宝的支付宝来交易。当然，还可以开通微店，通过微店平台的第三方交易系统来提高自己的信任度。

在未来微商的发展趋势中，一定会越来越注意品牌的人格化、人格的品牌化。而建立信任最好的方法就是将自己打造成自明星。当你有了一定的影响力，自然不用再担心信任问题。不过，一个产品想要得到广大用户的认可还需要时间，这个时间你可以慢慢在小圈子培养人气。等达到一定规模有了一定的启动资金后，再来着重打造自明星品牌产品。

6.2.2 制作订单见证

虽然所见不一定是真相，但人们还是习惯于相信自己的眼睛。这也是为什么许多帖子会喜欢用图文的方式来呈现，因为这样更能给人信服感。做微商也可以借助这种心理，通过一些“见证”来让更多的用户信服你。

1. 在平台上“晒”订单见证

按心理学的说法，人有从众心理。例如当一群人聚集在一起，如果有一个人做了决定，其他人就会跟从，而事后他们也不知道为什么。做微商可以借助这种心理来提高自己的信任度。当刷朋友圈的好友看到了客户的晒单，就会觉得这个产品已经有人买了，现在购买自己就不会上当（如图6-5所示）。

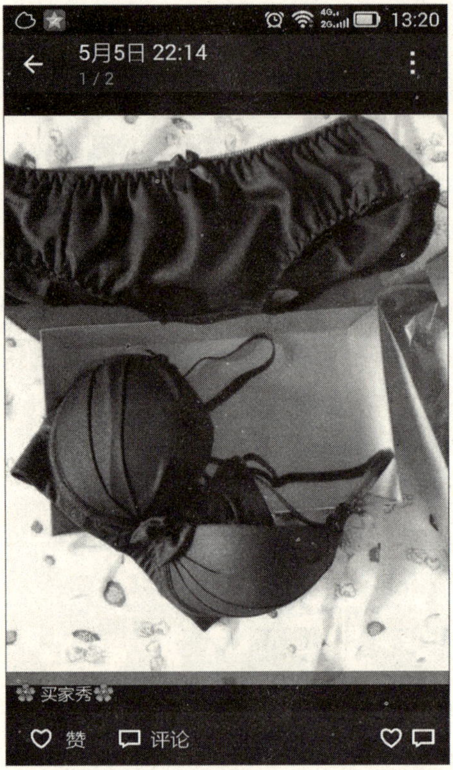

图 6-5 微商秀买家产品界面

如果你在朋友圈经常晒单，好友也会觉得你销售做得不错。他们或许会怀疑产品的质量问题，但绝对不会再怀疑你是一个没有诚信的微商。如果你觉得晒单太单一，还可以将客户的付款记录晒出来。

2. 在平台上“晒”洽谈见证

做传统生意，产品交易是在线下，生意做得越火，就会有越多的人排队购买。做微商生意不能像做传统生意那样，有人气别人也感受不到。这时，可以通过晒洽谈见证来吸引他们，这样既可以看到交易过程，又能看到产品的销售人气。

这个过程操作非常简单，只需要将你与好友聊天记录的关键点截图发到朋友圈就可以了。这些截图可以是客户对产品的评价，也可以是购买成交的记录，还可以是客户提出一些问题时的解答记录……在微信朋友圈，许多好友都处于默默观察状态，他们既不购买产品，也不屏蔽你的信息，他们很可能在你晒这些截图时就做了决定。

3. 在平台上“晒”对比见证

产品用图片的形式贴到一些平台上后，用户们感受不到产品的质量，他们只能通过外包装对产品细节隔空判断，这就会造成许多用户不信任你的产品。这时，可以使用对比的方法。用一款大众所熟知的产品与自己销售的产品进行比较，只要效果不错，立刻就能提升用户对于产品的信任度。

4. 在平台上“晒”用户见证

许多用户有喜欢“晒”的心理，但有时他们未必会晒所有的生活细节。比如购买了产品之后，未必会将产品使用过程晒出来。为了提高销量，你可以询问他们使用产品的效果和品质，如果他们觉得非常不错，可以提醒他们将好产品分享到自己的朋友圈。然后你再转发他们的朋友圈信息。这种真人晒感受比你自己晒效果更好（如图 6-6 所示）。

图 6-6 朋友圈客户晒产品界面

如果你销售的产品是水果、蔬菜类的，还可以将生产基地、采摘过程等晒出来，解决用户所担心的产品质量、食品安全等问题。除此之外，还可以拍摄一些使用产品的过程，用最生动的方式将产品真实地展现在用户面前。

6.2.3 制作销量见证

在淘宝上，通过查看销售记录可以判断该产品是否畅销；在微博上可以通过转发量和点赞量来判断一条信息是否吸引用户；而在朋友圈、微信公众平台却很难通过数据来判断你的销量。没有销量见证，用户就会觉得你这个是“垃圾”产品。可见，见证一款产品的销量也很重要。

1. 快递单见证

一张快递单就是一位客户订的货，当你有成批的货需要发的时候，就需要晒一晒你的快递单了（如图 6-7 所示）。快递单越多，说明你的销量越好，有更多的客户在使用该产品。好友在刷朋友圈时看到这样的信息，就会对你和产品产生信任感。根据从众心理，好友认为已经有许多人尝试过该产品，该产品是没有质量问题，是可以放心购买的。

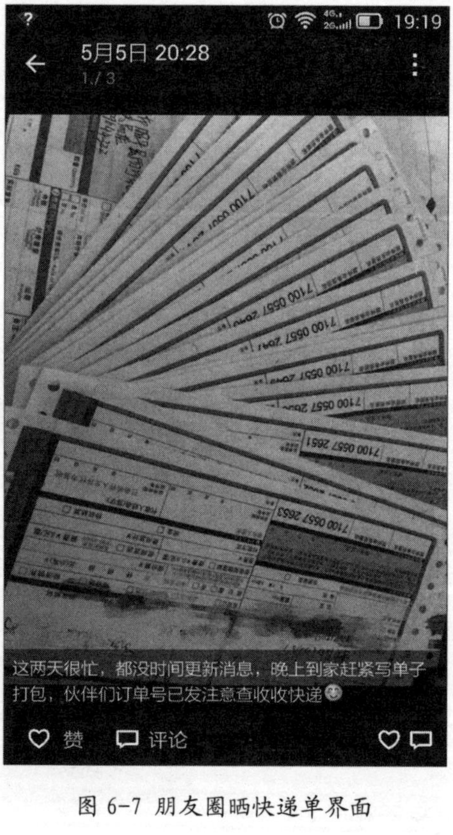

图 6-7 朋友圈晒快递单界面

微商之路刚刚开始，不可能每天都有这么多订单，但这并不表示你不能“晒订单”。如果你手里有了一些快递公司给的单子，你也可以将它们晒到朋友圈，制造出生意刚开张就火热的假象。这样，能第一时间带动想要购买产品的好友，增加你做微商的信心。

2. 用“断货”方式，增加好友的紧迫感

在销售策略中，有一种销售模式极为成功，这种成功的策略就是——“抢购”。当人们看到“抢”字时，从心理上感受到竞争，抢到手后仿佛获得了极大的胜利。而即将“断货”，也有类似的功能。当你在晒完订单后，如果尽快地晒出该产品已经快要断货，就会给好友增加紧迫感。在心理上他们觉得，很可能自己在犹豫时，别人已经下手了。为了先下手为强让别人“后悔”，他们会毫不犹豫地购买产品。如果这个时候确实已经断货，除非他对产品已经使用过，非常需要该产品，否则效果就会减半。因为他们未必是真的需要该产品，只是被紧迫感这样的心理征服了，这种感觉一旦放松下来，他们就会冷静思考，从而觉得没有必要购买该产品了。

3. 代理人气见证

微商做到中期，是以招代理为主。代理招得越多，品牌宣传力度就越大，品牌名气提升得也就越快。可是当你最熟悉的好友都推荐过之后，仍需要继续扩大代理团队，就只能去寻找陌生好友。不过，想要取得陌生好友的信任，除了需要建立基本的情感关系外，还可以使用“代理人气见证”法。该方法非常简单，你可以将你最近招收的代理商人数“晒”到朋友圈（如图6-8所示）。当陌生好友看到你的信息时，会有你的团队已经成熟，如果自己加入也可以赚到的感觉。

图 6-8 朋友圈“招代理”活动宣传界面

许道理不如讲故事，讲故事不如讲案例，讲案例不如讲亲身经历的故事。“晒”几乎包含了故事、案例和亲身经历，所以它一直是微商最爱的制胜法宝。

6.3 改变用户购物思维的 4 大方法

消费者的购买习惯是长期培养的，他们习惯了面对面交易。淘宝用了 10 年，人们才慢慢习惯网络购物。而微商刚刚兴起不久，大部分用户还不习惯手机消费，甚至有一部分人非常抵触，就像当时抵触网络购物一样。如果你不能改变用户的消费习惯，他们就不愿意购买你的产品，你必须在促进销售的同时，改变用户的购物方式。

6.3.1 拒绝“生苹果”效应

在任何一个团队里，总有几个难以管理的员工，他们就像苹果箱子里的烂苹果，如果不及时处理，就会迅速传染，把箱子里的“生苹果”加速氧化成为“烂苹果”。而走到微商的世界里，我们反而恰恰需要这些大胆、帮助传染的“烂苹果”。

“青苹果”是一些循规蹈矩的人，他们谨慎、做事深思熟虑；还有一部分人，他们心中有自己的想法，但仍然会征求身边好友的意见。对这类人一般不能花费大量的时间去介绍产品，因为在你介绍产品的过程中，他们会产生排斥心理。因此，必须让他们慢慢了解产品，给他们深思熟虑的时间。当他们从内心认可产品，“青苹果”就会逐渐变成“红苹果”，然后你就可以对它进行“采摘”了。

除了“青苹果”和“红苹果”外，还有一种叫作“生苹果”。“生苹果”不能吃，吃了会身体不舒服。这类人群主要表现为，不愿意接受新鲜事物，更不可能在微信内购物，他们一般很难被说服。如果他们发现自己身边的好友有使用微信购买的情况，还会将他们的保守思想传达给好友，告诉好友微信购买的弊端，从而让好友打消在微信购买的念头。因此，我们必须拒绝“生苹果”效应的发生，也就是杜绝“生苹果”向其他类“苹果”传递不良思想。但是，如果拒绝“生苹果”而同时让“烂苹果”帮助发酵、传染呢？也许“生苹果”慢慢就会变成“红苹果”。

1. 多聊天，做好分类

从做微商的第一天起，就要学会判断你的好友属于那类“苹果”。在做营销的时候可以将他们分类，分别添加到不同的微信群组里，让他们能够彼此影响，改变之前的购物思维模式。比如：将“青苹果”和“红苹果”放到一起，让购买过产品的“红苹果”来帮助“青苹果”下决心；将“烂苹果”与“生苹果”放到一个微信群组内，用“烂苹果”的热情和他们购物的亲身体验来影响这些难啃的“生苹果”。

2. 创建良好的聊天氛围，杜绝不良情绪的产生

将两类“苹果”组合到一个群内，难免有观点不统一的时候，这些价值观不一样的“苹果”类型就会吵起来。遇到这样的情况，必须及时制止负面情绪的发生，以免造成敌对的群员退群。当你察觉到淡淡的“火药”味儿，就应该及时制止谈论某些话题，或对某些话题进行疏导，只有提前杜绝不良情绪的发生，才能创建一个良好的聊天环境。

3. 严防用户表面是“红苹果”，心里是“生苹果”

微商客户大多是你的好友，你向他们销售产品时，他们即使内心是拒绝的，碍于情面也很可能表面上答应购买产品，但迟迟不肯付款，这就表明其实他们的内心还是一个“生苹果”。遇到这样的客户，一定不能操之过急，需要慢慢等待，通过不断地刷朋友圈、晒单、在微信群内聊天，让他们的内心渐渐“红”起来。

无论好友是哪种苹果类型，都只是我们给用户的一个分类和定义。其实在现实生活中，用户往往有着两种苹果的特质，我们很容易被外在的苹果颜色迷惑。所以在挑苹果的时候，不仅要看苹果的外表，还要知道苹果的内在，因为内在才是苹果真正的颜色。这样才能真正地把握用户，达成“传染”的目的。

6.3.2 学会聊天拉家常

无论做传统生意还是做微商生意，第一次向客户推荐产品，客户往往对你保持着戒心。不管你说什么，他们永远紧捂口袋里的钱。而在日常生活中，当你遇到陌生人，也会用强烈的主观意识拒绝陌生人提出的意见，这让人际交往变得越来越狭隘。从某种程度上说，是自己将自己的圈子缩小了。微商要做的就是扩大圈子，拉近人与人之间的距离，主动建立沟通的桥梁，学会与陌生人建立亲密的关系。实现这一目的最好的办法，就是拉家常。

1. 首先要学会“拉”

添加一批陌生好友之后，首先要与好友聊天，由于彼此之间不熟悉，距离感非常强。要想让陌生好友变成亲密的朋友关系，最好的办法就是从对方感兴趣的话题入手，以此作为突破口。比如，当你添加一位好友，打破了陌生人之间的生疏感后，就可以着重了解好友所在的城市，好友的生活环境、兴趣爱好了。同样，在聊天的过程中，你也可以让好友了解你的一些情况，从而建立沟通的桥梁。这时，陌生好友就会对你略感信赖，从而为将来更深的信任感打下基础。

2. 其次要突出“家”

如果你做学生生意，那么这个“家”是不需要聊的。重点放在学生们喜欢的游戏、喜欢读的书、喜欢的明星等话题上就可以拉近距离了，他们很可能因为你们共同喜欢同一明星或玩同一款游戏而信任你。但如果你销售的是美容、育儿、保健品、服装等产品，就最好聊一聊家常了。因为这类产品的女性已进入母亲、媳妇、儿媳的角色，每天要面对的是家长里短、柴米油盐的琐事。当你与她们聊这些话题，很容易让引起她们的共鸣，甚至一时间打开话匣子，把你当成“树洞”也说不定。在这个过程中，你可以通过只言片语来判断她们的家庭生活、生活质量以及更多更深层的问题。当你了解了这些，你再向她们推荐产品就更容易了。

3. 最后不能忽视“常”

“常”是经常的意思，就是要经常与他们保持联系。现在网络非常发达，手机用户每天接收大量信息，只有少量信息能够停留在他们的脑海中。如果你不经常与他们保持联系，很快他们就会忘记你，之前所有的付出都会白白浪费掉。就算你与他们建立了基本联系，你们成为好友，你也不能只在销售产品时，或者有新品上架时才与他们互动，这样他们不仅不会购买产品，还会对你产生反感，这样的销售一点意义都没有。

无论怎样拉家常，都不能像平常结交好友那样，随心所欲地交流。你需要在聊天的过程中了解好友的基本性格、爱好、生活状态等，只有倾听他们的需求、了解他们想要什么，才能对症下药，为他们排忧解难，建立强关系，为下一步销售做准备。

6.3.3 诚实做人，诚信做生意

微商面对的客户大多是成年人，他们有着独立的思想、经验、生活准则。想要获得他们的信任，偷奸耍滑肯定是行不通的。因为他们已经在工作、日常生活和网络中培养了辨识人品的能力，有许多用户本身就是交际高手，所以你的“小心机”很可能被他尽收眼底。这时，你想要向他们推荐产品，他们一定是嗤之以鼻的。你与其费尽心机了解用户的能力，不如踏实做人，诚信做生意。

在当今社会，骗子的手段越来越高明，人们的防范意识越来越强。如果你欺骗用户，他们不仅会举报你，还会设法告知身边的好友，让他们远离你，将你拉黑。最终的结果就是你的生意无法继续做下去。无数事实表明，人们都喜欢诚实的人，只有以诚待人，以信做事，才能获得用户们的认可。

1. 精神放松，不要想太多

如果是日常聊天，你可能非常轻松，聊得有声有色。但进入微商的角色后，很可能变得紧张，这种情绪会让好友感觉不到你的真诚。在微商中最怕的就是你真诚地去对待好友，但是他们感觉不到。面对这种问题，最好的办法就是你在最初的时候，抛开微商的角色，愉快地聊天。当天的工作完成后，接下来对聊天内容做一个总结，比如用户喜欢什么、有什么样的爱好、聊到那些地方他的情绪发生了变化等（如图 6-9 所示）。当你向好友告知你的生活情况时，最好是真实可靠的信息（因为微商的圈子很小），否则很可能在某个群内，他们通过其他好友了解到你提供的信息不真实，从而对你产生怀疑。

图 6-9 微信聊天界面

2. 及时处理，对工作负责

通过与好友的接触，在你了解他们的同时，他们也了解了你。他们不仅了解你的缺点，也了解你的优点。做微商初期，因为你真诚地交朋友，愿意让他们看到你的缺点，他们会认为你真实可靠。但面对工作时，因为后期生意很忙，难免有疏忽的时候。遇到这种情况，一定要向好友道歉以获得他们的理解，然后用认真负责的态度将工作完成，当好友看到你认真负责地对待工作，对你的信任度就会大大提高（如图6-10所示）。

图6-10 朋友圈微商信息界面

虽然专业、规范的服务更能获得用户们的信任，但微商是一个交友的生意，如果你在做生意时，变得像一个客服一样，无论你犯什么样的错误，用户们都会指责你。但如果你就是真实生活里的人，他们不仅不会指责你，甚至会给你“加油”，让你做最好的自己。

3. 言出必行，说到做到

虽然你的“性格”缺点好友可以接受，但是承诺过的事情不可以当作玩笑，因为你不知道哪句话好友当真了。如果你没有履行你的承诺，就会给好友留下说了不算的“假象”。所以，在平常聊天的时候，一定要记得自己的承诺，哪怕是开玩笑的语气说的，当你兑现承诺时，你的信任度一下子就会提高。

6.3.4 不判断对错，只判断值不值

一款产品销售到客户手里，只要客户购买了，就没有对错之分，唯一重要的就是该款产品值不值。如果客户觉得值，即使价格高、产品质量差、服务不够完善，客户依然不会抱怨什么；但现在经常出现的情况是，产品质量有保证、服务好、价格低、物流快……依然有客户抱怨，觉得不值。从微商的角度来讲，无论在销售过程中使用哪种推销手段，只要用户觉得超值，销售就非常成功了。

1. 需求决定满意度

有许多微商看到朋友圈有好友晒与自己的类似的产品，就会跑过去推荐。比如，你的好友在 QQ 空间或朋友圈晒手工皂（如图 6-11 所示），你就跑过去告诉她你也在销售手工皂产品，并希望她购买。这时，她不会动心，更不会购买。因为她刚刚购买了该产品，需求已达到饱和，即使她为了面子购买你的产品，数量也不会太多。但如果你算好时间，等差不多产品快用完时再向她推荐，好友试用新品的概率就大大提高。所以，需求决定她是否会购买你的产品，需求决定她是否会满意。假如，她在购买完其他产品后，为了面子购买了你的产品，当两家产品一起使用时，她的心里肯定会有一个对比。此时，如果你的产品质量不如对手家，那她肯定不会满意。

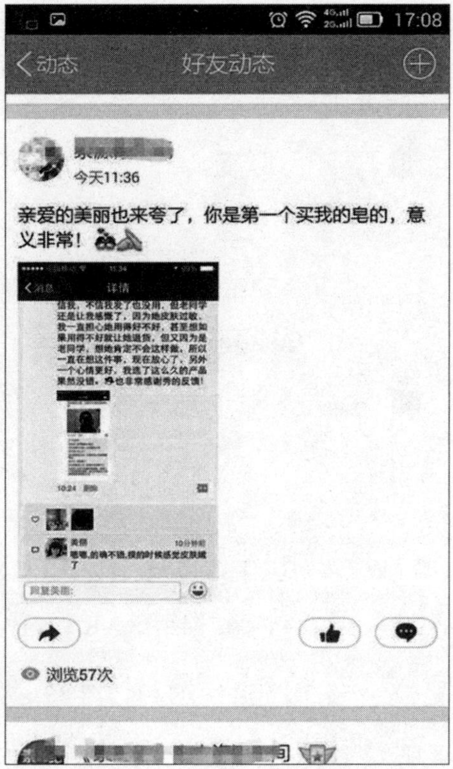

图 6-11 QQ 空间界面

2. 认可服务提高满意度

服务，默默地伴随着整个销售过程。如果稍微不注意，或哪句话说得让好友不开心，好友很可能因此拒绝购买你的产品，这就越发显出服务的重要性。想要让好友认可产品，首先要让他们认可你，认可你的服务。向好友销售产品的过程中一般还要需注意以下问题：

（1）销售产品过程中，面对好友提出的疑问，应该使用科学、权威、正确方式给予回答，让好友觉得你在该领域已经是一个“专家”。有了这样的认知，他们自然会更相信你的产品。

（2）不可以夸大产品的效果、功能、功效等，要实事求是。这样好友购买产品后，才觉得你的话是真实的，从而觉得你的服务良好（如图 6-12 所示）。如果你夸夸其谈，通过忽悠让好友购买了产品，但使用后效果并不理想，这时你很可能要处理“售后”问题。无论退货还是赠送礼物弥补，都无法再让好友相信你。

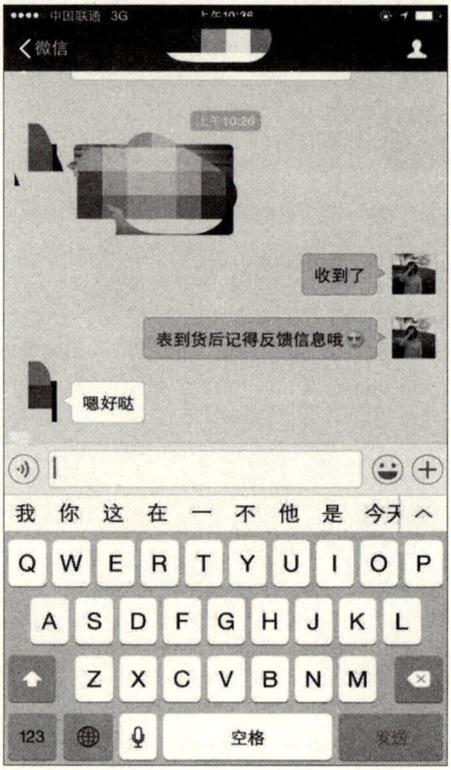

图 6-12 微信微商服务界面

（3）对于陌生好友，首次向他推荐产品，他很可能反感，甚至会对你恶言相加。你必须有良好的情绪和态度，专业的服务素质和职业道德。当他看到你的服务态度很好，很可能因此觉得不好意思，从而缓和语气，这时就表明你们的关系更近了一步。

如果你觉得他反正不会购买，因此与他冷眼相对。他很可能带着情绪将聊天记录晒到自己的朋友圈，这样你的名声、产品品牌都会受到影响。因此，你需要把握“服务”这条主线，让客户觉得购买你的产品后物超所值，那么你们之间的友好关系也就建立了。

做微商就是做朋友生意，为了与好友保持良好的关系，让他享受到该有服务，在销售之前应该换位思考，试想一下遇到这类问题，享受什么样的服务你才会觉得愉悦。你只有充分关爱好友，他们才觉得交你这个朋友是值得的，从而觉得购买你的产品也是值得的。

6.4 吸引用户，强化关系

无论使用微信、QQ、微信公众号还是微店，想要让销售做得好，首先要有一定数量的用户群体。但只通过添加好友的方式来增加用户，是远远不够的，最重要的还是将用户成功转化为客户，不然再有多少好友也都是“死”的。所以，强化与用户之间的关系，是提高转化率、增加销售的好方法。

6.4.1 线下活动——建立信任的朋友关系

有过多年网络聊天经验的用户不难发现，互联网上的网友见过几次面之后，可以聊的话题越来越多了，彼此越来越亲密了。许多微商经常犯的一个毛病就是，认为微商只能通过网络，通过手机来交流、交易。其实不然，想要拉近与好友的关系，多开展线下活动也是必不可少的。

1. 开展同城活动

在一个城市待久了，现实生活中肯定有不少好朋友，通过网络也结交了一些陌生的同城好友。有了一定的好友数量后，可以开展同城活动，将同城的准客户聚集到一起，通过线下见面，开展与产品有关的活动，让同城的好友首先认可产品。

比如，护肤品牌亮艾产品的代理商就开展了“旗袍趴”的同城线下活动（如图6-13所示）。由于该产品主要针对女性人群，参与活动的大多是女性朋友，因此，该代理商通过“旗袍宴”“交换礼物”等形式开展了一次有品位的聚会。在这次活动中，这些女性不仅认识到该品牌的产品，还与该代理商成为了好朋友。

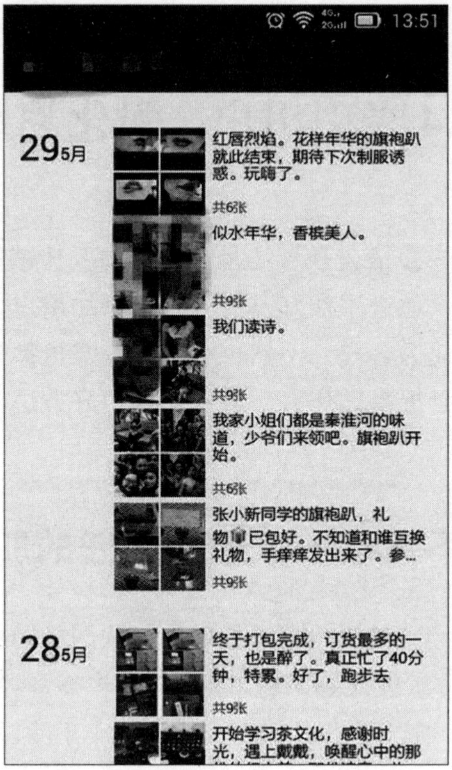

图 6-13 朋友圈“旗袍趴”活动界面

同城活动对比其他活动容易组织，可以定期举办。活动可以异业合作，既可以双方共同分担成本，还可以聚拢资源，实现数据共享的目的。为了与好友建立关系，避免线下活动失败，一般也需要注意一些问题：

（1）自己销售的产品必须亲自体验，以达到让参与者信任你，信任产品质量的目的。

（2）举办线下活动时必须提前说明，参与者不可以在现场做任何推销，确保参与者有产品体验感。

（3）如果举办活动用赠品引流，必须保证所有的赠品都是免费的。不能做折扣体验，这会让参与者感觉到生硬推销的存在，带来不好的效果。

2. 开展异地活动

你不能保证所有的客户都是同城的，还有一些异地的好友也需要增进彼此的关系，解决这个问题最好的办法就是组织异地代理会议或粉丝见面会活动。由于是异地，开展方式可以是旅游的形式。因为现代都市的年轻人压力大，喜欢周末、节假日出去玩。组织好友、代理商共同去某个地方旅行，能够增进彼此之间的友谊和了解。

比如，朋友圈内一位做玉石生意的微商，就将异地的“土豪”们聚集到了一所小城。这类人群有钱，生活条件较好，旅游过不少地方，大多是三高人群（高血压、高血脂、高血糖）。为了让这类人群有不同的体验，该微商把旅游地点定在了小地方。他们下河捉青蛙、上树摘水果、住农家院吃农家菜，一路的旅行生活既便宜又有趣（如图 6-14 所示）。

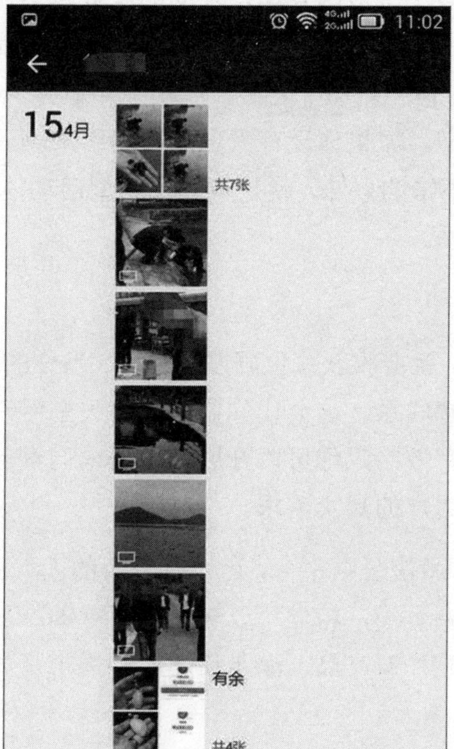

图 6-14 朋友圈微商旅行活动界面

如今，旅行中还有一大乐趣，就是边走边“晒”照片。这不仅会让没有旅行的用户心生羡慕，也能将这份快乐传递给更多的好友。不过，异地活动不可能经常举行，参与的人数也不能太多，所以就需要将这种获得作为爆点，带动整个群体。

3. 开展实体店体验活动

许多微商线下有实体店，为了拓展业务开通了互联网电商平台店铺和微商店铺。作为有长期产品销售店铺的微商，通过线上开展活动，同时带动了线下的产品销售。比如，线上聚拢人气后，开展线下体验、咨询、试用等活动，这样可以直接面对客户，增加销售机会。

6.4.2 多次互动——维护朋友关系

微商与好友之间应该保持多次互动，互动的次数越多，关系将越紧密。但许多互动往往是无效的，比如节日时许多微商给好友发送祝福信息，一些较客气的好友会说句“谢谢！”，但“谢谢”之后，你就不知道再说些什么了，久而久之，祝福的信息也就没了意义。如果你没有大量的时间用来聊天，想要经常地与好友们保持互动，还有一个不错的办法，就是策划互动型活动，通过活动来带动人气，增进你与好友之间的关系。

1. 产品需求调查活动

你与哪位好友聊天，就会收获哪位好友的信息。当你的生意有了一定的规模，你不可能时时与他们保持联系，这会让你们之间的关系慢慢变得疏远。为了让每一次与好友的沟通都是有效的，你可以开展产品需求调查活动，通过一份问卷或一个投票，准确地了解用户的真实需求。

比如，“安琪烘焙”微信公众平台，为了让平台的人气更旺盛，开展了新方案、新产品调查活动。在该调查中，粉丝可以对自己喜欢的产品进行投票，该品牌商就会根据粉丝的需求来制作新产品，满足粉丝们的需求（如图 6-15 所示）。

图 6-15　“安琪烘焙”产品调查活动界面

较大型企业，因为这些企业有着一定的消费人群，开展这样的活动时，很容易引起粉丝们的互动。而对于微商而言，客户并不是很多，产品也较小众，并不一定有用户愿意参与调查。为了提高用户的积极性，可以设些奖品，一方面达到互动的目的，另一方面起到宣传品牌的作用。

2. 故事征集活动

网络让每个人的情绪得到释放，每一次释放细细看来，又是一个又一个故事。像微信朋友圈里的好友晒照片、写心情，其背后都有一个故事。既然人们这么喜欢讲故事，不如让他们将故事讲到你的平台上来。

中兴智能手机为了与平台上的粉丝互动，推出了“敢坚持晒故事，你，就是敢不同！”的活动。参与该活动，只需要将自己的故事发给微信公众平台或微博的小编，就有机会获得最新款“星星 2 号”手机。平台上的粉丝们，既找到了一个释放的平台，又有机会获得奖品，这大大提高了粉丝们参与活动的积极性（如

图 6-16 所示）。

图 6-16 中兴智能手机故事征集活动界面

3. 产品使用心得活动

在微商时代，新品的更新换代非常快，为了满足用户对产品的极致体验感，你必须及时让用户给你反馈产品使用心得。开展这种活动后，客户不仅觉得你对他非常关心，还能收获一定的信息反馈，可谓一举两得。当你收获到反馈信息，可以对信息做以下处理：

（1）客户反馈的产品缺点，立刻上报厂家，或迅速改进，及时处理问题。

（2）客户反馈的产品优点，要找到他真正感兴趣的部分，这个优点可能并非产品本身功能，比如服务体验、产品外形 / 颜色等。

（3）客户发现了产品的新功能、新的使用方法，这时，要给予一定的奖励，并将这种“好事”告诉所有的客户。

第 7 章

微技巧：巧用技巧，走到哪里都屹立不倒

技巧，一般是指表现在某方面的巧妙的技能，做微商也“有技可循”。学会了技巧，就找到了营销的敲门砖。在这一章里，不仅有打造自媒体的技巧，还有撰写成交文案的技巧，让你随时随地玩转朋友圈、微信公众平台。

7.1 找到自媒体3个关键词

微商销售产品前首先要销售自己。许多微商是在推销自己一段时间之后，再来推销产品，这让不少微商成了“明星”。如果你做微商生意，将自己的平台打造成一个成功的“自媒体”平台是销售产品的捷径。

7.1.1 自明星

明星有着极大的影响力。当一个明星在微博上“晒”某款产品的时候，这款产品就会成为热销产品，甚至是全民讨论的热门话题。所以，在销售产品中，如果你也能有一定的影响力，就不用苦口婆心地去推销产品了，粉丝会主动来购买并帮助你传播。可是，怎样才能将自己打造成一个“自明星”呢？

1. 提高文字、排版硬性技术

许多微商在成为自明星之前都是普通人，他们大多认为，只要会营销，懂产品就够了，而忽略了最重要的文字语言。在微商销售的整个过程中，所有的想法都是通过文字来表达的。如果想要将自己打造成一个“自明星”，文字是与粉丝最直接的交流，这是自明星打造过程中最重要的一个环节。

自明星大多通过微信公众号、微博、豆瓣等平台来打造，一般以文章、图片、视频等形式与粉丝交流。如果不是专业的撰稿人、写作者，一般写出来的文章水准较差，很难做成专业的自媒体，为此，必须提高自己的写作水平。除了平时看一些与你产品领域或品牌领域相关的专业文章外，还要每天坚持写作，比如写日记、写心情随笔、模仿喜欢的文章等。虽然这些文字不能直接成为有水准的文章，但坚持两到三个月之后，你会看到文字水准的进步。除此之外，如果你在豆瓣、微信公众平台打名气，还要了解粉丝们的阅读感受，不然，即使你的文章再好，如果排版很差，依然不能有良好的阅读感受，会给粉丝一种你非常不专业的错觉。

做微商生意，大多微商的内容营销借助微信公众号来完成，微信公众平台上的内容是通过手机来查看的，为了更适应手机阅读，需要根据手机呈现的效果来排版。

（1）一篇文章的行距最好默认为1.5倍。

（2）一段文字不能超过400字，段与段之间应该留白，最好是行间距的2倍。

（3）一篇文章不能超过两种字体；一篇文章的字体不可以超过两种颜色。

（4）一篇文章的长度控制在1000～3000字，如果文章篇幅较长，应分篇来写。

（5）写文章摘要时，不能超过3行。

一篇专业的文章必须使用专业的排版，好的排版读者感受不到是在读文章，文章内容好像是自然流入大脑内，不知不觉被你的文章牵着走。

2. 修炼专业技能，提高内容质量

一个成功的自媒体首先有一个明确的领域定位。比如："小道消息"是以IT公司八卦消息为切入点来营销微信公众号；"ayawawa"是以情感问答为切入点营销微信公众号；"罗辑思维"是以粉丝的书童为切入点来营销微信公众号……不管你以哪种切入点来打造自媒体，必须有专业的知识，用原创的形式来将自己打造成为"自明星"。

（1）**有独立的视角**。点开网络，可以看到各类新闻、热门话题、心灵鸡汤……各大自媒体平台对某一话题更是众说纷纭，如果你想从"自明星"里脱颖而出，就必须有独立的视角。如果你的文章内容来自于微博、百度、论坛等平台，无论最终你对这条信息做怎样的评价都是没有价值的。

比如"茶人王心"，是一位著名的茶人（如图7-1所示）。主要向喜欢茶的粉丝们讲述茶的泡法及与茶有关的知识、历史等。在网络上，想要搜索与茶相关的知识，少说也有几千万条信息，如何才能在众多信息中脱颖而出呢？茶人王心用自己的视角讲述寻访茶山、观察整个行业动态，因此获得了粉丝们的喜爱。

图 7-1 茶人王心微信公众平台“历史浏览”界面

（2）**有独特的个性**。成功的自媒体为什么大多是个人而不是企业账号呢？这是因为许多企业账号为了突出企业的专业性，在做自媒体时毫无特色和个性，显得过于冷冰冰。而个人自媒体则保持了个人的独特性，粉丝们很快能从众多自媒体中找到自己喜欢的风格。

除了内容需要保持与众不同外，语言也要有自己的风格。像 ayawawa 在做问答时，语言犀利；而同样以情感出道的陆琪做微信公众号时（如图 7-2 所示），写出的内容更偏于励志、鸡汤的风格。无论哪种风格，都拥有大批粉丝追随和喜爱。

图 7-2　陆琪微信公众平台“历史浏览”界面

除了个性的语言风格外，还可以在自媒体平台上设置个性的栏目，一个个性实用的栏目也能获得粉丝们的喜爱。比如在微信公众平台的菜单上设置游戏、听小说、音乐功能……还可以针对粉丝的需求，开设征婚、互动信息、粉丝聊天会等活动。这样粉丝能够了解你，同时也会感觉你是一个真实存在的“人”，而不是一个冰冷的平台。

7.1.2 真专家

在生活中，许多草根明星只是普通人，但走上了网络上就变成了“真专家”，粉丝之所以愿意读这些人的文章，主要是因为他们在某个领域里取得了一定的成绩，凭借着自己的经历和经验，写出来的文章更接地气、实用，这些内容给了粉丝一定的帮助。所以，粉丝们更愿意把他们当作“真专家”。如果你只是刚毕业的大学生，或者只是一个全职妈妈也不用怕，只要多多学习，你也可以成为“真专家”。

1. 提高阅读量

如果平时浏览信息、读书、看报纸是为了娱乐消遣，那么在做自媒体之后就应该将阅读定为每天必做的功课。找到需要销售的产品后，就应该围绕着与产品有关的方向来增加自己的知识量。比如，如果销售面膜，那么应该多看一些关于女人的书籍，多从女人的心理、健康、情感入手，通过一个好的切入点，将女性粉丝吸引到你的自媒体平台上，然后再销售产品就容易多了。

读书是一个长期积累的过程，需要制订一个长期的阅读计划，并且是你喜欢的领域。如果你不喜欢某领域，只是为了销售产品而去看该领域的书籍，就不会有兴趣去研究。兴趣是你成功的第一个老师，想要成为一个“真专家”，就不能把自己当成一个资料整理员，你必须拿出真的知识来才会得到认可。

2. 敢于与专家 PK

在这个世界上，没有唯一的真理，换一个角度看问题，总能找到新的切入点。如果通过读书已经积累了大量的知识，对问题能够从不同的角度来阐述，这时你可以与专家 PK，发表不同的声音。

移动互联网的核心是用户而不是产品，所有的问题必须站在用户的角度去考虑。如果在某个领域里你能够为你的粉丝发出声音，那么很容易就能获得用户的青睐。也就是说，只要你觉得是对粉丝有益的，或者是粉丝的心声，你就可以与那些专家们 PK 了。PK 真正的意义并不是要真正地去叫板，而是通过发出粉丝的声音让粉丝们帮助扩散与传播，达到让自己名气越来越大的目的。

不过，无论发出什么样的声音，一定不能是与政治、宗教、民族等有关的话题争论，以及危害国家利益的声音。

3. 经得住诱惑，练就强大的内心

当你的粉丝只有几百、几千人时或许没有什么；当你的粉丝几万、几十万人，就会有不同的声音发出。不仅有支持的声音，还有反对的声音，你必须有一个强大的内心来应对负面信息。当你的粉丝已经多达几万人，你到底该不该立刻销售产品呢？如果销售产品你的自媒体平台肯定会受到较大的影响，如果不销售产品又不能实现微商的目的。你必须权衡利弊，经得住诱惑。

7.1.3 媒体人

一个成功的自媒体平台，不仅可以打造为个人、个性化的平台，还可以打造成一个“媒界”平台，这时，你既可以用内容来吸引粉丝，又能吸引商家，赚取广告位费。不过，这类平台大多是借助团队的力量。如果你有这样的团队，或者你手里的代理商也有这样的想法，你们可以合作，将自己打造成一个“媒体人”。

“媒体人”平台大多是某领域、服务类的垂直平台，通过服务用户吸引更多的粉丝关注。这类平台服务粉丝，为粉丝们提供了方便，盈利主要是靠推广广告信息，与商家合作等。

1. 服务类平台

服务类平台主要为粉丝提供社区、城市、攻略等服务。通过为粉丝提供服务达到留住粉丝的目的。比如：当粉丝打算去某个城市旅行，会去旅游类平台查询景点信息、旅游攻略信息以及订票、订酒店等服务；当粉丝需要缴水电费，查找附近好吃、好喝、好玩的服务，可以关注社区、本地服务类平台；当粉丝想要了解做菜、生活小百科、育儿等知识，也可以通过服务类平台获取想要的信息（如图 7-3 所示）。

图 7-3 北京总攻略微信公众平台界面

做服务类平台，必须要保证获取的是最新的咨询、打折、服务类信息，并且发布的部分信息是独家的，网络上无法搜索到的信息，只有这样粉丝才愿意关注你的平台。所以，你必须有团队来操作。创业初期，可以通过免费帮助商家发布推广、活动信息来获得第一手资源，等平台成熟有了一定人气，再逐步开展收费服务。

2. 专业类平台

如果你的团队对某个领域非常熟悉，或已经有了目标产品，那么你可以像打造自明星品牌一样，将平台打造成一个专业的团队品牌。比如 PS 教学类、互联网销售类、儿童教育类等（如图 7-4 所示）。不过，与自明星品牌不一样的是，该类平台要求更具专业性、服务更完善。

图 7-4 创意盒子 touchbox 微信公众平台界面

该类平台，除了要发表团队的想法与看法外，还要了解国内外的最新信息，平台的硬件设施、菜单、栏目也需要更具专业性。如果你在某个领域非常熟悉，能够请到某领域的专家、名人等，则找到了平台最大的亮点。

7.2 打造自媒体的核心技巧

一个自媒体创建后，想要获得更多粉丝的关注就不能不去推广。这不能像推广产品一样靠你的嘴一一去说，你必须找到更快、更迅速的方法。目前，一些微信公众号的大号已有上百万的粉丝，他们的成功并不是靠自己的团队一一找用户去宣传，而是依靠推广策略让粉丝主动去传播，迅速发生裂变，让自媒体品牌逐渐成长起来的。

7.2.1 讲一个故事，营销就是这么简单

金庸、古龙、琼瑶等作家，他们笔下的人物让人记忆深刻，几乎每部书都成为了经典。而有些作家写了一辈子，也很难有一部真正令人记忆深刻的作品。这是为什么呢？因为大家都爱听故事，一个好的故事至少有一两个让人印象深刻的人物，通过人物读者记住了那本书。打造一个好的自媒体，也如故事中的人物一样，你这位明星想要让粉丝记忆深刻，也应该让自己鲜活起来。当粉丝通过故事认识到你时，自然也就想到你的平台。

1. 制造可传播的故事

如果你想让你的个人品牌深入人心，就要利用故事来传播。有了故事情节，就有了个性，专业形象才会更生动。故事的力量有多大呢？打开电视可以看到各类选秀节目，由于时间限制每位参赛选手出现在镜头前的时间只有几分钟，为了让自己能够在众多选手中脱颖而出，许多选手都会通过一个简短的故事来让观众了解自己。如果某位选手的经历非常坎坷、生动、催人泪下，再加上优秀的表演，

该选手的视频很容易被各大平台报道、转载，一时间他就成为了一个地地道道的“自明星”。

悦读微信公众平台，是中国第一文艺微刊。创刊初期，为了让更多用户了解悦读，该团队借助具有传播价值的故事，得到了用户们的喜爱。比如，该平台上一篇“这个姑娘成了全球最有影响力的人，原因：特别会做家务”的文章（如图 7-5 所示），在朋友圈广泛传播。该文章讲述了一个名叫 Marie Kondo 的姑娘，她如何通过自己的双手，改变了自己，继而影响了世界的故事。为了提高文章的转载量，文章讲述过程中配以整理房间的对比图片，用户们不仅觉得很励志，还觉得很实用。

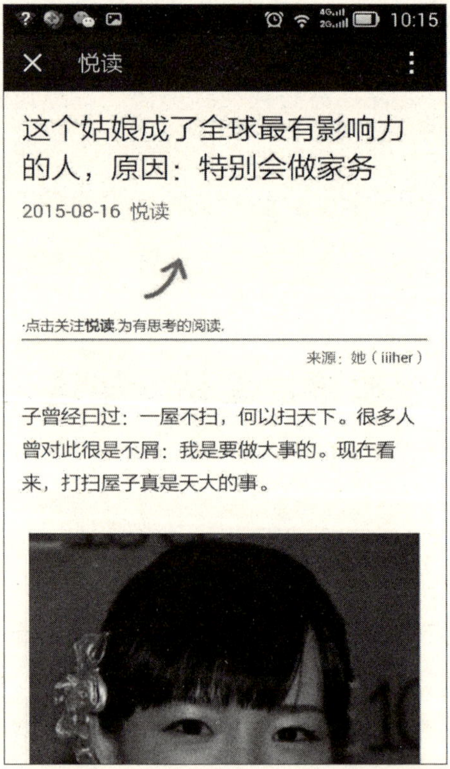

图 7-5 悦读微信公众平台文章宣传界面

之前，有不少微信公众平台，使用网络上传播力度较广的内容来达到传播的目的。随着公众号不断增多，许多文章在各大微信公众平台贴来贴去，这让平台失去了生气和个性。如果大多数文章来自于网络，许多内容是粉丝经常看到的，他们会觉得没有必要关注该平台。所以，最好的办法就是写原创文章，最好向知名的写手、作家约稿，借助他们的名气和原创文章的力量来传播。

2. 制造与自己相关的故事

在平台上讲个人故事，具有宣传自己、宣传个性平台的作用。不少成功自媒体平台都在微信公众平台上讲述了个人故事，就连企业平台，都会通过企业故事、产品故事、品牌故事等来宣传自己，达到令人印象深刻的目的。

“汤圆创作”是一款手机写稿的APP。该平台为了让公司旗下的作者被更多读者熟知，使用了讲故事的方法。该平台不仅让作者讲自己的故事，还让作者讲小说里的故事以及素材来源、故事灵感、人物特色等。无论读者喜欢作者还是喜欢故事，都能带动该书的人气（如图7-6所示）。

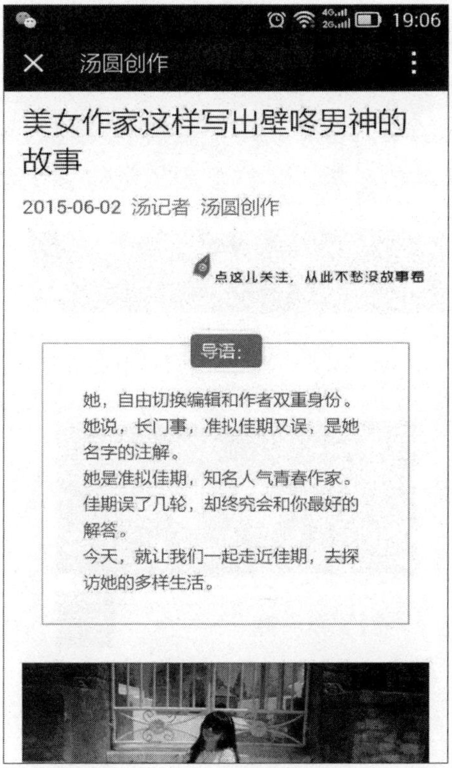

图7-6 汤圆创作“作者宣传”界面

写故事之前，最好了解网络语言，尽量使用用户喜欢的语言风格。写出的故事要具象化，不然在传播中很容易被粉丝们扭曲。

7.2.2 打造核心粉丝策略

一个自媒体平台建立后，首先要找到最初的核心粉丝，这是最初给平台做定位时想要吸引的人群，有了他们的支持，后期销售产品才能获益。想要打造平台核心粉丝，一般有 3 个关键点。

1. 寻找提升产品竞争力的粉丝

在寻找核心粉丝之前，必须明白你销售的产品核心竞争力是什么，之后才能找到需要产品的粉丝，通过高质量的粉丝来提升产品的格调、质量、服务等。有了核心粉丝就相当于有了品牌保障，他们的参与，也会让你的平台与其他同类平台的差距越来越大。

比如，“活动行”是一个团队或个人发起活动、参与活动的平台，平台的活动发起得越多，越能吸引粉丝们的关注（如图 7-7 所示）。该平台的核心粉丝是那些喜欢参加活动并发起活动的粉丝。由于他们对发起活动有一定的经验，来到平台上后能够提高平台活动的品质，让许多粉丝觉得该平台更可靠。

图 7-7 “活动行”微信公众平台主界面

核心粉丝是对该产品或该领域较熟悉的粉丝，他们关注平台后，通过发言、评论、互动可以让其他粉丝觉得该平台更专业，有品质。他们可以为其他粉丝提供重要的建议，同时他们为平台提供的建议，也能让平台进步，提高自己的竞争力。

2. 将普通粉丝培养成铁杆粉丝

有了铁杆粉丝，产品销量就有了保证。通过倾听粉丝的意见，也能对销售的产品有所改良。粉丝不仅迷恋你，迷恋你推出的产品，而且，当有对手家的粉丝攻击你的时候，他们才是愿意为你说话的人。

《飞言情》杂志是魅丽文化旗下的杂志品牌（如图 7-8 所示）。该品牌不仅用产品本身吸引粉丝，还将每位编辑、主编都打造成了“自明星”。每一期杂志都有互动栏目，通过编辑露脸的方式让粉丝们更了解编辑们。粉丝们有了喜欢的编辑，会想方设法找到编辑，甚至有些铁杆粉丝想通过贴吧、QQ 群等寻找编辑的联系方式。飞言情推出微信公众号后，想要与编辑互动，就要关注飞言情微信公众平台。为此，该平台上聚集了大量的铁杆粉丝。

图 7-8 飞言情微信公众平台编辑聊天活动界面

建立铁杆粉丝的基础是与他们保持互动，没有互动就没有个性，没有个性就没有忠实的追求者。无论产品还是自媒体都要与粉丝们互动起来。粉丝越多，产品的销售也就越容易，竞争对手也就越难抄袭你。

3. 吸引帮助平台传播的粉丝

一个平台再好，没有传播者就无法被更多的用户看到，也就无法形成裂变。许多粉丝虽然了解产品的好处，但未必愿意传播；而有些粉丝，他们虽然未必购买产品，但如果能给予他们一点好处，他们是很愿意帮助平台做宣传的。

“秀域美容”是一家专业的美容连锁机构（如图 7-9 所示），该品牌旗下有许多客户。当企业有新品发布，或有活动推出时，就会通过赠送红包或线下体验等活动来吸引粉丝们的转发。通过给予部分粉丝好处，达到吸引喜欢传播的粉丝的目的。

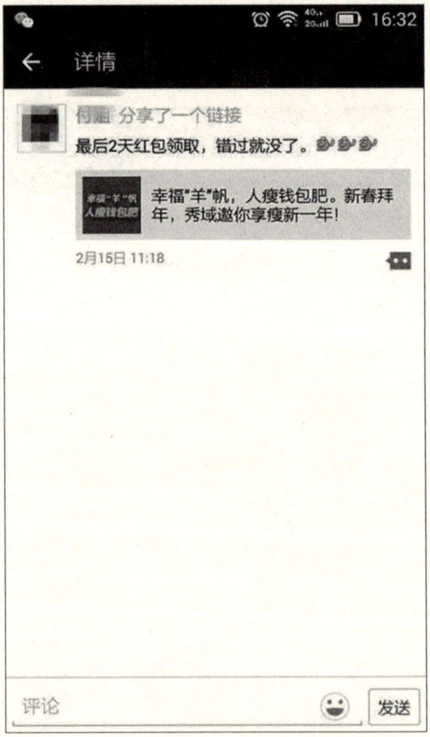

图 7-9 朋友圈转发秀域美容活动界面

平台或产品想要被更多的用户知道，就需要通过传播来吸引粉丝，通过粉丝再传播形成裂变，形成良性的闭环。

7.2.3 避免陷入自媒体的3大误区

自媒体平台越来越商业化，大多自媒体平台都是以盈利为目的。但并不是每个有名气的自媒体都赚钱，有些自媒体的营销效果做得并不好，这主要是因为许多自媒体都陷入了3大误区。

1. 自媒体平台随心而为

不少个人自媒体很随意，哪天有了灵感就发表几篇文章，没有灵感就一直让平台处于“休息”状态。平台不稳定，粉丝也会不稳定，即使想在平台上搞活动，也因为平台像一个“死号”，而没有粉丝传播。这类自媒体就走入了一个误区，粉丝认为你没有认真在做平台。虽然你偶尔也会推送信息和产品，但其商业价值不高。当你有内容推送时，粉丝未必买账；但当你推广产品信息时，则会听到粉丝的抱怨，当抱怨越来越多，平台的口碑就会越来越差，从而失去平台宣传的意义。

粉丝关注你的平台，是因为你的平台有他们需要的内容，他们通过平台学习、放松心情、获取信息。如果你的平台没有了这些价值，他们也就没有了关注的热情。因此，你必须保证每天推送信息，保证平台是活的，与粉丝是互动的。

2. 平台无法转化为商业用途

大多数平台每天都在运营，粉丝也处于稳定的状态，但却无法转化为商业价值。许多平台在转化为商业价值时粉丝的质量和数量就会明显下降，如果再推送几条广告信息，粉丝就会抱怨内容质量下降。

一个平台如果不能转化为商业价值，所投入的时间、精力就等于没有任何回报，这不符合做微商最初的目的。那么什么时候转化才最合适呢？一般不能硬性转化，可以在转化前先向粉丝做个小调查，进行宣传前的预热，同时观察粉丝们的反应。如果粉丝反响不错，说明产品是适合他们的；如果他们不喜欢该款产品，你可以过一段时间推出另外一款，按照粉丝的接受程度来销售产品。

3. 没有良好的互动

互动才能让粉丝了解你，了解品牌产品。但大多数平台的互动较为单一，只通过内容来互动，少了真正的交流。没有交流，粉丝很容易失去黏性，从而变成一个“死粉”或取消关注。

平台的互动，不仅仅可以用内容，还可以借助线下活动、产品宣传、有奖转发、开设互动聊天栏目等进行。

7.3 打造 O2O 闭环，建立场景化链接

O2O 全称 Online To Offline，是把线上的消费者带到线下的实店中去，在线下支付、享受服务等。线下的实体店有打折活动、优惠信息时，将线下的活动发布到互联网上，通过互联网将网上的用户转化为线下客户的一种新型模式。

O2O 是当下互联网巨头们热衷的营销模式。目前，许多企业都在努力形成 O2O 闭环，让该体系更完善。而实际上，许多企业在 O2O 模式上，还存在着相当大的弊端。比如：百度，还没有自己的支付系统；淘宝，虽然有了强大的支付系统，但还未拓展开线下实体店；腾讯有强大的用户群体和支付系统，却还没有为用户建立场景化。真正的 O2O 闭环，少了中间哪一个环节都是伪闭环。一般完整的 O2O 闭环需要三个部分：应用场景、需求对接和需求满足。这既需要典型的应用场景优势，又需要有强大的数据分析及人工智能，这样企业才能够实现对接需求的理解与精准匹配。

微信的移动场景是碎片化的。从微信的功能上来看，微信主要是社交工具，其次是游戏功能。微信用户在微信平台上并没有消费需求。腾讯为了让微信平台的用户有消费需求，开通了微信红包、滴滴打车、大众点评等一系列场景服务。但花重金创建好后，收效甚微。这主要是因为社交场景与消费场景有着本质的区别。当用户打开微信，其主要目的就是沟通，这与想购物打开淘宝的需求不一样。从社交场景转化为消费场景难度非常大，用户目前还使用微信支付的重要原因，是腾讯一直给予用户一定的好处。比如，腾讯对滴滴打车的补贴。

当你在微信平台开设了公众号，你必须明白微信用户来平台的目的是什么。也就是说，在你的平台上你必须知道他们想要什么。满足了他们的需求，自然就能将他们留在平台上。

比如，微信公众平台建立后，用户登录微信时不再只是沟通的需要，更有获取信息、娱乐、享受服务类的需求，甚至有些用户已经习惯了每天查看关注的微信公众号信息，而微信公众平台也通过服务用户，逐渐转化为消费场景。

O2O 闭环并不是打造一套购买流程，它更侧重人与服务、需求与满足的有效匹配和连接。用户在这个服务的闭环里完成需求，商家通过该闭环不断更新自己，这样才能将闭环打造得更为完善。

7.4 提升团队战斗力，打造完美管理流程

无论你招到了代理商还是有自己的营销团队，提升了团队的战斗力，都离成功更近了一步。而一个团队是最难管理的，管得过死，就会扼杀团队的创造力，但如果管理得过于散漫，又失去了整个团队的凝聚力。在管理团队时，你不仅要满足团队队员的想法，还要在关键时刻使他们凝聚为一根绳，共同面对困难与挑战。

1. 给予团队一定的支持

移动互联网营销是一个全面的系统工程。不少团队领导是首次做微商生意，这会导致领导的话语没有权威感。如果你也是这样的领导，在管理自己的团队时，一定要降低姿态与他们打成一片，在团队中共同学习进步。

团队中的每一位队员都应该参与到每个营销环节中来。把每个人的想法、创意、营销策略聚拢起来。通过试点、改进、推广的方法不断试错，直到形成属于自己的完美系统。另外，因为坚守在一线的是你团队中的每一位队员，他们才是流程最终执行者和接收到反馈的人，他们的意见比你的考察更实在。

2. 定期淘汰落后的员工

无论是代理商还是团队内部队员，总有喜欢拖后腿、不上进、混日子的人，如果发现这样的队员，应该及时处理。不能因为他们的懒惰导致整个团队怨声载道，一定要为整个团队的利益着想。只有将团队中所有人的工作协调到一致，有共同的目标，才能保证该团队的工作卓有成效。

3. 学会处理团队中人与人之间的矛盾

一个团队组建好以后，总要面对许多困难，尤其是新起步的微商和需要创意的团队。每位队员都有自己的想法，很可能在创意、营销方面持有不同的意见。当每位队员都坚持自己的意见时，矛盾与冲突就发生了。身为管理者，你必须学会平衡这些矛盾。

（1）**包容不同的想法，尝试多种方法**。一个团队由不同的个体组合到一起，你必须允许他们发出不同的声音。队员之间可以存在着一定的隔阂与竞争，但过多的冲突就会导致团队无法保持一致性。移动互联网的发展速度非常快，快到用

户还来不及反应，平台就换了新的风向。如果某些计划、创意非常好，只要在不影响大局的情况下，通过试错来将不同的想法进行尝试，尽量避免内部斗争的发生。当某个成员的想法失败后，应该给予一定的鼓励，不能因此让他产生压抑的挫败感。有效的团队是允许冲突、竞争发生的，这样才能激发队员的潜力，但不能因此而让整个团队受损，变成一个钩心斗角的团队。

（2）**犯错误后应该培训学习**。尝试不同的想法，总会有输有赢。赢了的队员会志得意满，而输掉的队员将会失去信心，甚至遭到获胜的队员的嘲笑。为了避免这种事情发生，作为领导，你可以给予失败的队员一定的鼓励。比如：适当增加培训，赠送专业图书学习，报名网络培训班等。这样，失败的队员因能从中获得更大的帮助，从而增加其自信心。

（3）**队员想“上位”，你应让他看到你的实力**。身为一个团队的管理者，你应该有把握大方向的能力。如果你的管理遭到队员的质疑，你应该让他看到你的实力。当你拥有一个团队，你不仅要多多学习关于营销策略的知识，还应该着手学习管理知识，你要比你的队员更加努力才能赢得他们的尊重，只有这样你才能管理好一个团队。

一个有效的团队是管理出来的，不是自然生成的。当一个团队建立后，你不能抱着尝试的心态来带领团队，你必须要有一定的责任心。当他们看到你的真诚时，他们才愿意跟着你共同发展。

7.5 撰写成交文案的 3 大方法

想要写出好文案，首先要知道什么样的文案是好文案。网络、营销专家、书刊会讲好文案的标准，但那些都算不上是真正的好文案。一篇好的文案是自己看了都会被感动、自己看了都有要购买的冲动，否则就不是。所以，当一篇文案完成后，首要问题是该文案能否打动自己，如果是，那就可以发表了；如果不是，还是再改改吧！不过，好的文案到底是怎样写出的呢？

1. 用最快的速度引起粉丝的兴趣

你平台上的粉丝，同时也是别人平台上的粉丝，因此，谁的平台能用最快的速度引起粉丝们的兴趣，谁的平台就占得了优势。试想，同样是销售服装的平台，粉丝被某个文案吸引，点开后看到了该平台的服装，如果有她喜欢的款式，她很可能下单购买，即使后来看了你的平台，但她已经消费，再次消费时就会考虑一下。为此，吸引粉丝必须越快越好。

比如，北京总攻略微信公众平台，有一篇叫作“让你终身不发火的 6 个字！”的文章（如图 7-10 所示）。粉丝看到这样的文章后，会有一种，到底是哪 6 个字不会让我发火呢？当粉丝产生这样的疑问时，就会点击查看该文章，平台就成功吸引了粉丝的注意力。

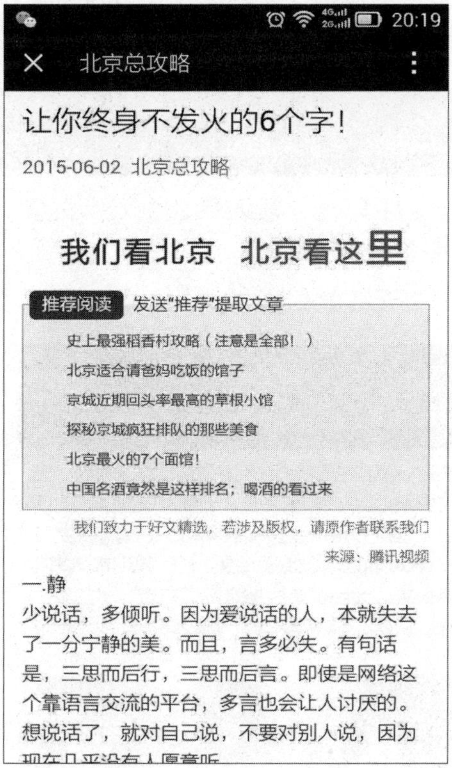

图 7-10　北京总攻略微信公众平台文章内容界面

除此之外，最快引起粉丝兴趣的方法，还有一种叫作“破”，就是打破的意思。打破粉丝的三观，打破粉丝的传统认识，打破生活中粉丝认为的常态。比如：你真的会吃饭吗，正确的刷牙姿势原来是这样的，你一定不知道的 ×× 内幕……

2. 解决文章提出的问题

通过标题吸引了粉丝的注意后，你的内容必须满足他们，不然他们就会感到沮丧，从而导致对你的平台失望。既然你提出了这样的问题，那么接下来就应该是解决问题的时候了。

比如，“美妍色 -Tryphena”微信公众平台，有这样一篇文章，叫作“没到 1.6 米，怎么穿出 1.7 米的效果？”（如图 7-11 所示）。这篇文章对于个子矮小的女粉丝非常有吸引力，粉丝看到这样的文章后非常想了解到底要怎样穿才能达到“增高”的效果。该文章以图文的方式向粉丝解答了该问题，并将自己的服装品牌融入实例当中，既让粉丝学习了搭配知识，又不忘宣传自己的品牌。

图 7-11 “美妍色 -Tryphena”微信公众平台文章内容界面

既然是软文，文章的内容一定要与平台销售的产品有关。比如：销售面膜的平台，会推送与美容相关的内容；平台销售酒，文章内容里必须有酒的软广告……不过，你写出来的文章，一定要能说服粉丝，这样他们才能心甘情愿“打破”之前的传统观念。

3. 最后的成交

经过软文的介绍，粉丝对你的产品已经发生了兴趣，但是还没有要购买的意向。文章里没有提醒他们购买，他们怕买贵、怕付款不安全、怕买回来没有达到预期的效果等。如果你能解决粉丝这些问题，他们很快就会购买的。

（1）一般在文章内是不写报价的，因为许多微信公众号是通过文章来营销，如果报价后粉丝再去微店铺内选购，烦琐的程度会降低购买的热度。在微信公众平台上，要先塑造产品的价值，通过价值抬高报价，并在文章的后面提醒粉丝，后台询价。

（2）报价后，一定要告诉粉丝这段时间正在打折，或参与某个活动会有一定的优惠。这样既不伤害品牌，也不会让粉丝觉得价格太高。

在写文案的时候，一定要简短、精练。用最短的时间来吸引粉丝，并帮助分享出去，这样，达到了再传播的目的，裂变后，将会收获更多粉丝的关注。

7.6 锁定用户的 4 种技巧

在营销中，许多企业会选择用积分、VIP 会员、老顾客享受更高优惠等方式将客户牢牢锁定在自己的品牌上。这种方法虽然起到了一定的作用和效果，但由于效仿的企业很多，效果越来越不明显。作为微商，这些服务是必须要向新老用户提供的，但要想锁定这些用户，让他们喜欢你的产品，还需要一定技巧才能搞定。

1. 强化与用户的关系

销售的本质就是培养顾客。顾客是什么？就是给你送钱的人。有了顾客才能赚钱，顾客是生意之本。做微商生意，就要强调用户，有了固定的用户才能增加产品的销量。可口可乐公司曾经夸下海口说，即使世界各地的可口可乐工厂被烧毁，第二天依然有银行争先恐后地向可口可乐公司贷款。这是为什么呢？因为可口可乐最重要的财富不是产品和厂房，而是他们的顾客。

“A 小雪”是一个销售魔皂的准妈妈，她怀孕后在家无事可做，所以做起了代理。为了将产品销售出去，她与用户保持着密切的联系，把身边微信上的好友经营成了自己的朋友，增加了彼此之间的信任，强化了与好友的关系。这时再做产品营销，怎样销售都是比较容易成功的（如图 7-12 所示）。

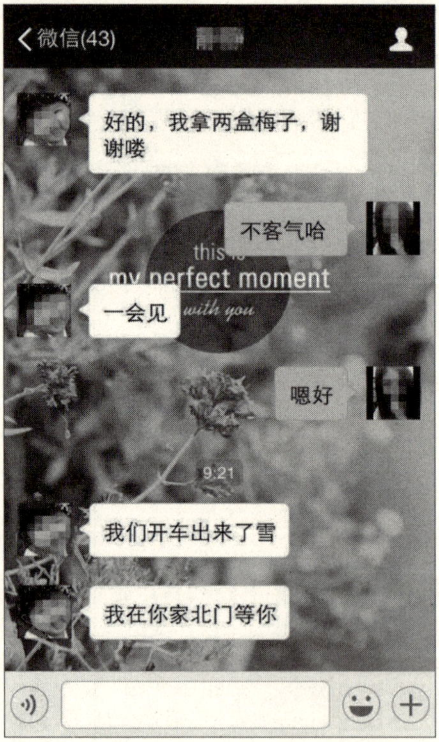

图 7-12 “A 小雪”与用户聊天界面

向新用户推荐产品时，首先要与陌生用户建立个人信任感，其次要建立品牌的信任感，最后才能向他们做宣传推广产品。而老用户因为长时间接触，他们不仅信任你更信任你的产品，只要锁定他们与其保持联系并做好后期服务，当他们需要该产品的时候，首先就会想到你。

2. 倾听用户的声音

网络如此发达，想要了解用户的想法其实很简单，通过网络就可以做到。有的时候，因为你们是朋友关系，用户即使有想法，也不好意思告诉你，所以你根本听不到真实的声音，从而影响了产品的销量。所以，要想让这些用户成为真正的老客户，还要倾听其他人的声音。比如：去相关产品的贴吧（如图 7-13 所示）、微博、论坛等平台查看网友留言，并针对网友提出的问题进行思考，主动询问用户有没有出现这样的情况。当你询问时，他们一定能感受到你的真诚，从而更信任你。

图 7-13 韩束百度贴吧页面

你也必须清楚，任何一件产品都是不完美的，但许多微商、产品销售人员并不愿意承认自己产品的不完美，总是想借助良好的服务来弥补产品的缺点，这让用户觉得商人的意味太重。而微商是做朋友生意，只有主动询问、真诚地给予关心，他们才更加相信你是他们的朋友。

3. 将老客户聚集到一起

生意做得越来越大，老客户越来越多，这个时候并没有大量时间来一一维护这些老客户。为了保持一定的联系，将他们通过 QQ 群组织到一起，进行统一管理。那些只购买过一两次的新客户，通过在群内与老客户交流，也能更加信任你。而那些帮助你巩固新客户的老客户，在下次购买产品时可以让他们享受一定的折扣或者偷偷给他们一些奖品，这样老客户和新客户都能被锁定（如图 7-14 所示）。

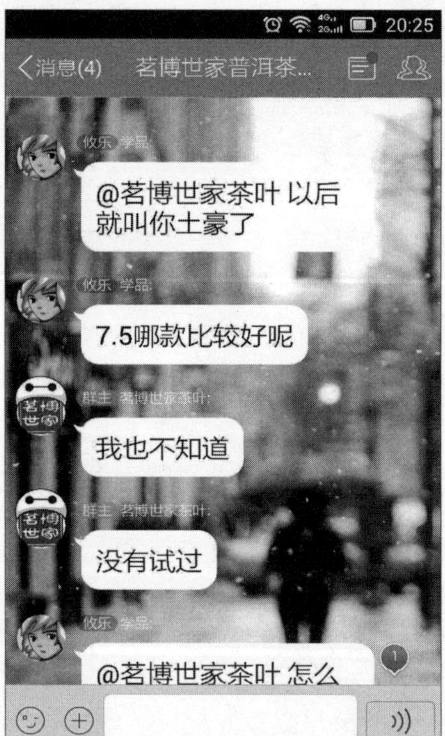

图 7-14 茗博世家普洱茶 VIP 群界面

由于他们对你有了一定的信任，并不会因为群内某位客户抱怨就因此不信任你，还会帮助你解答各种问题。在将新老客户聚集到一起的时候，必须确保大量用户已是老客户，如果只是为了将这些客户聚集到一起而建群，很可能会起到相反的作用。

4. 找到低价值用户

不管你的服务和产品做得如何好，每年或者每隔一段时间都会有一定的客户流失。这些客户有的改变了偏好，有的因为朋友向他推荐产品而更换了品牌，有的是找到了更便宜的产品，还有的即使为他们提供再好的服务和产品，他们都会挑毛病、找缺点。

如果你手里有一批稳定的老客户，那么在寻找新客户的时候可以适当降低服务费用和时间，不要把时间和金钱浪费在不合适的客户身上。把这些成本省下来维护至关重要的客户，这样才能避免那些真正的老客户流失。

客户和你维持业务关系的时间越长，所带来的收益也就会越多。据计算，吸引新客户的成本是留住老客户的5倍以上。所以，必须将目标锁定在老客户身上。当老客户非常满意你的时候，他们也会因为你的关系而向朋友推荐产品，帮助形成口碑效应，这样的客户才值得更多付出。

7.7 软文疯狂转发的6个奥秘

一个自媒体平台想要获得更多用户的关注，最好的方法就是粉丝帮助传播。如果文章质量得到了用户的喜爱，他们不仅会关注你的平台，还会帮助你再传播，达到第二次推广的目的。所以，一篇好的软文，会为平台带来源源不断的粉丝。可见写出一篇能够疯狂转发的软文有多么重要。

1. 对自己销售的产品足够了解

你对自己销售的产品越了解，就越能玩出意想不到的创意，写出出人意料的文章。由于你对自己的产品了解，也能了解真正适合产品的人群，了解粉丝使用产品之后的感受。这些都是你写软文的素材。

“嗨小冷”是疏格文化出品的一部爆笑动画，通过诙谐、重口、无下限的风格，讲述屌丝逆袭的故事。由于该动画获得了粉丝的喜爱，嗨小冷联合多八安潮牌工作室，推出了夏日必备卡通单品 T 恤。为了突出嗨小冷的特色，该品牌推出了多款 T 恤衫，让粉丝投票决定到底喜欢哪个款式，将嗨小冷这个人物发挥到了极致。为了能够引起粉丝们的转发，该文章的内容命名为“新招：如何让妹子主动搭讪你！”（如图 7-15 所示）。

图 7-15 “嗨小冷”微信公众平台产品宣传界面

2. 好标题更具吸引力

移动互联网时代信息是碎片化的，用户可以随时随地接收来自于网络的信息。在众多信息中，你平台上的信息如何脱颖而出呢？这就是标题的重要性。一个好的、能够引起转发的标题一般具有 3 个特征。

（1）**幽默性**。粉丝在茶余饭后玩手机，大多是为了放松自己的心情。一篇具有幽默性的文章在中午或晚上休息时间来推送，是很容易引起他们的兴趣的。比如你又胖了，这回答绝了……粉丝看到这样的标题，就会有进去看的冲动，如果内容非常好玩又好笑，很容易在朋友圈内传播开来。

（2）**诱惑性**。有诱惑，就会有粉丝想“上钩”。但诱惑并不是为了骗取点击率和欺骗读者，更不是写国家法律禁止的文章。标题的诱惑性重点在语气上。比如：这 27 个人生必备技能，在学校里从来不会教你的；爱吃这种食物的人会长寿；18 岁以下请远离……

（3）**专业性**。不少粉丝关注你的平台是为了学习知识，越专业的标题，越会显出内容的专业，这类粉丝就很容易被吸引。比如：传统零售，如何搭上移动快车；茶汤颜色暴露的秘密；关于软木塞，你想知道的都在这里……

3. 有社会责任和诉诸情感的内容

不少粉丝购买某款产品，是为了情感上的满足。当你的产品能够满足他们的情感需求时，他们就会很乐意来购买产品。同样，一篇文章如果能够满足他们的情感需求，他们就愿意将有共鸣的文章分享给身边的人。

比如，朋友圈有一篇非常火的文章，叫作“世界并不残酷，只是不偏袒你”的文章（如图 7-16 所示）。这篇文章告诉人们，是因为不努力才使这个世界看上去不公平，所以，千万不要在还没有努力的时候，就断言这个世界不公平。这篇文章的观点读完让人幡然醒悟，用户立刻产生认同感，情感需求迅速得到满足。

图 7-16 朋友圈信息浏览界面

而一篇有社会责任感的文章，是可以引发大部分粉丝共鸣的。每个人的内心都有正义感、责任感存在，当你的文章能够满足他们这种情感需求时，转发就比较容易了。

4. 用数据说话的内容

数据能把模糊的概念清晰化，能把简单的理论深度化。如果你想要写的一篇文章概念很难表达清楚，或者想装得“高大上”，可以借助数据来完成文章。比如，有些文章喜欢用专家、权威人士的数据，有了这些数据，文章显得更可靠，从另一个方面也说明了你对于自己的产品是认真负责的，是肯花费时间和精力做相关调查的，这些数据能够让粉丝们放心。

5. 借助新闻、热点话题

新闻、热点话题是人们关注的对象，能够吸引人们的眼球，你可以借新闻、热点话题的力量，将人们的眼球吸引到你的平台上来。比如，高考季的时候，“同程 1 元玩景点”平台，推出了与高考相关的文章：“高考作弊大放招，反作弊利器显神通”，以及“离别季要留下最美的青春，来这里准没错！”的文章（如图 7-17 所示）。在这样特殊的日子里，能引起高考的学生和即将毕业的学生们的共鸣，他们更愿意转发这样的文章。

图 7-17　同程 1 元玩景点微信公众平台主界面

6. 学会提炼别人文章的内容

每天写文章总有灵感不畅的一天，黔驴技穷时不妨去看看别人的文章。从别人的文章中提炼出一些观点或者想法，然后拓展出一篇文章；或者从别人的文章中找到一些不同的观点，并将这些不同的思想写出来。当然，你还可以阐述新闻热点话题，以及对让人瞩目的事件发表自己的观点，这些都是寻找文章题材的好方法。

一篇好的软文是具有吸引力的，这需要你通过不断练习来精简语言，让粉丝们一眼就看到自己关心的内容。同时，定位好这篇文章到底要吸引哪类粉丝的眼球，并让他们产生消费的欲望。

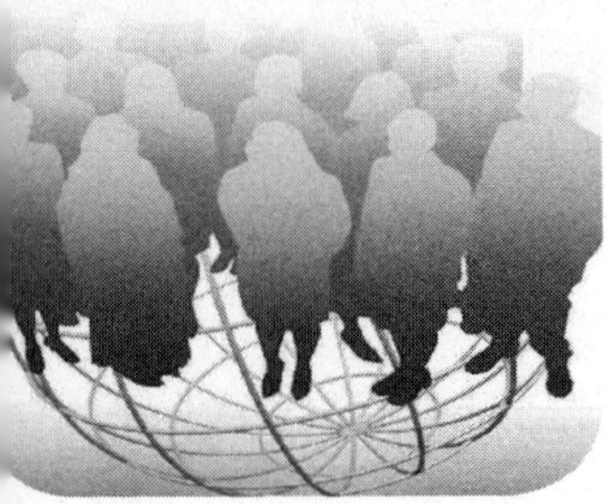

第 8 章

微营销：寻找微营销中的“战斗机”

微信已经成为用户日常生活中必备的社交工具，随着用户的不断增加，微商品牌也在不断增加。在营销实战中，你真的能在别人的朋友圈内占有一席之地吗？其实，除了微信朋友圈外，可以营销的平台非常多。在这一章里，你不仅可以了解微信朋友圈营销，还能了解到各大平台是如何营销的。看了这一章，你的微商之路会越走越宽。

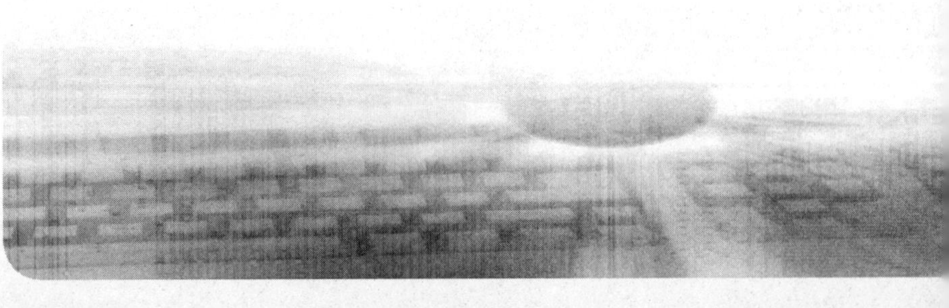

8.1 战斗机之朋友圈营销

微商最常营销的地方就是朋友圈，不过，营销朋友圈却不是这么简单的。想要将生意做得更大，还需要一些实用的推广方法来打通营销系统，这会让你的产品销量迅速翻倍。

8.1.1 朋友圈 4 大定位

微信账号里有许多好友，如何才能让众多好友一眼就能记住你呢？这就要看你是怎样为自己定位了。如果你将自己定位为某个领域的专家，当好友有该类需求的时候自然会找到你；如果你将自己定位为一位亲密的好友，好友对你的信任感自然就会增加；如果你将自己定位为一个品牌代理商，当好友有产品需要时会直接找到你……无论哪种身份定位，一旦决定背上该“角色”，就应该坚持到底，中途不能改变身份。

1. 某领域专家身份

专家意味着你比普通人更专业，你有着别人所不具备的知识。当好友需要咨询问题时，就会向你请教。在销售方面，你的推荐更值得信赖，不少好友会因为得到了你的帮助而主动要求购买产品。

在朋友圈内有一位玉石专家，他的微信内聚集了大量想要跟他学习玉石鉴别的好友。因为专业的知识和在该领域的名气，许多微信用户慕名添加他为好友。有了一定的客户群体后，他开始在朋友圈内销售自己的玉石产品。因为他的鉴别能力，许多好友非常信任他，更愿意从他手中购买真品（如图 8-1 所示）。

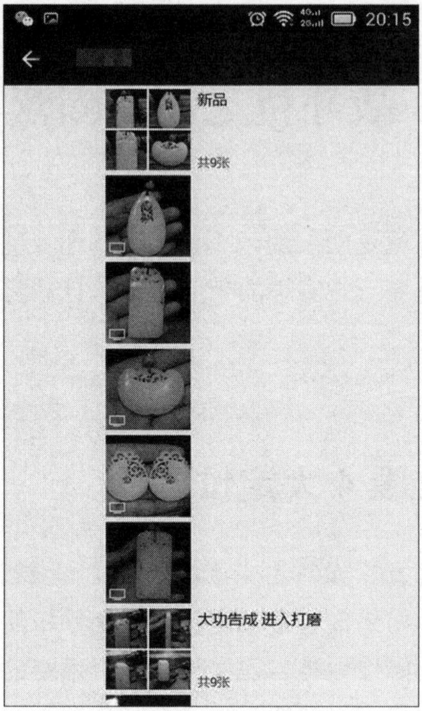

图 8-1 个人朋友圈界面

许多微商有自己的工作经验，在某领域里虽然不是专家，但凭借多年的经验，也能得到身边好友的认可。如果你也具备这样的优势，也可以将自己打造成一个“专家”，通过服务好友来获得他们的信任，以此来达到销售的目的。

2. 贴心的好朋友身份

物以类聚，人以群分，有着共同爱好的朋友，总是能神奇地聚集到一起。他们对喜爱的事物有着天然的追求，如果你能加入这个圈子，并拿出质量可靠的产品，他们是很愿意购买你的产品的。当然，前提是你能够加入他们的圈子，和他们打成一片成为朋友，然后拿出好的产品，自然有好友帮助你传播。比如爱好喝茶的圈子，如果有值得珍藏的好茶，很多茶友是很愿意购买并储存的（如图 8-2 所示）。

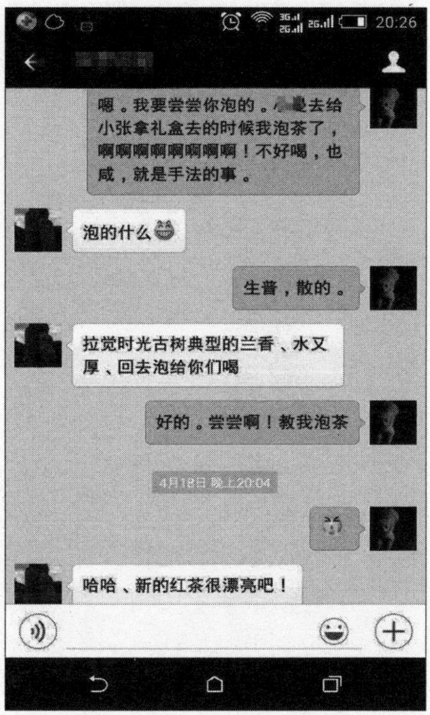

图 8-2 好友聊天界面

在一个圈子里销售产品并不难，难的是真正打地通这个圈子，让他们认可你。有信任做底子之后，还要能拿出有亮点的产品，这样他们才愿意一直购买你的产品，并帮助你传播。

3. 微商品牌销售身份

在朋友圈内总能看到不少刷产品的微商（如图 8-3 所示）。当一些新品推出时，已达到了刷屏的境界。虽然这样的做法很令好友们讨厌，甚至怀疑他们到底有没有销量，但他们依然乐此不疲，不怕好友拉黑、反感，坚持做自己。这种做法难道真的如一般人所想，一点销量也没有吗？当然不是。只有成功的法则才会一直被效仿，如果这种做法完全没有销量，微商们早就改变销售策略了。

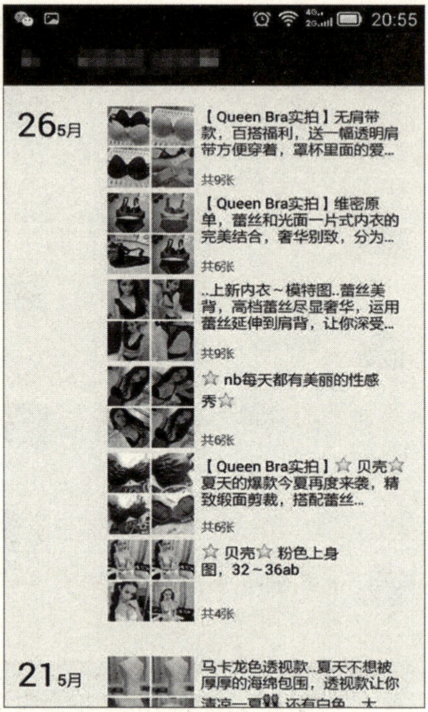

图 8-3 个人朋友圈界面

在朋友圈内刷产品信息需要你的账号内有大量的好友，这种做法就是使用了大数法则的原理。比如：你的微信账号内有 1000 人，有 200 人看到信息，最后成交的可能有 20 人。为此，你需要多申请几个微信账号，以此来达到增加销量的目的。

4. 奋发向上的公司员工身份

大多数微商是利用业余时间来做销售的，有的直接销售自己公司里的产品。如果你能从工作的公司里拿到便宜的产品，完全可以放到朋友圈来销售。做这类微商的好处是，你不用为了销量而着急，当你向朋友推荐产品时，还可以用公司任务来作借口。如果有活动宣传时，你还可以告诉好友，公司要求必须有 ×× 条数量的转发，希望获得朋友的帮助。

你可以借工作的名义要求好友帮助你，不过这种方法不能经常使用，但你可以打着工作的旗号，在朋友圈内发布产品信息。由于身边的好友知道你所在的公司，当他们需要该产品时，会主动找你购买，营销不可以操之过急。

8.1.2 借用朋友圈的功能营销

许多微商每天都在朋友圈内推送信息，甚至一天推送十几条。难道真的需要学习怎么在朋友圈营销吗？而实际上，越是熟悉的战场，越会忽视一些真正的细节问题。除了内容、活动、打折、优惠等推广外，还可以借助微信的功能来营销。

1. 同步到 QQ 空间

如果你同时拥有某微商的 QQ 和微信号就会发现，他们推送信息时不是同步的。还有的在微信朋友圈推送完后，再去 QQ 空间发一遍。QQ 空间是一个更加自由、公平的平台，将产品信息推送到该平台上，也能带动一定的销量和名气。目前，腾讯对微信营销号查得比较紧，一旦造成封号，QQ 空间还是一个强大的备份系统。

由于同步 QQ 空间，不是每次发消息的时候都会自动点亮，所以在每次推送信息时，应该提醒自己查看该功能有没有被点亮。该功能在选好照片后，在文字信息界面的左下角，只要将灰色的 QQ 空间图标点亮就可以了（如图 8-4 所示）。

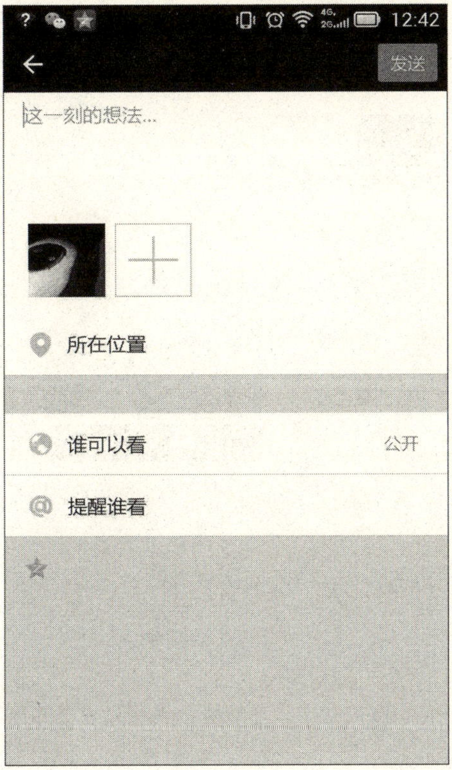

图 8-4 微信文字信息编辑“同步 QQ 空间”界面

2. 提醒谁看

在 QQ 群聊天，哪句话想要被指定的群友看到，可以通过 @ 他的名字强制他收到信息，即使他已屏蔽了 QQ 群，这种方式也能让他看到消息提醒。在微信朋友圈推送信息，也可以通过提醒谁看的方式，让好友强制接收到信息。该功能对微商的帮助非常大，比如，你推出了某些活动，需要公布获奖名单时，可以通过“提醒谁看”功能，将信息公布到朋友圈平台上。这样不仅让人觉得你的活动专业，还能被更多的好友看到，以此来带动下次活动的人气；如果你有新品上市，而某个产品又是某位好友非常喜欢的，也可以通过“提醒谁看”功能，达到软性销售的目的，这比你直接用私聊的方式告诉他，来得更温柔一些。

“提醒谁看”功能在文字信息编辑界面（如图 8-5 所示），该功能可以提醒 10 位好友。点击“提醒谁看”，进入好友选择界面，勾选想要提醒的好友即可。

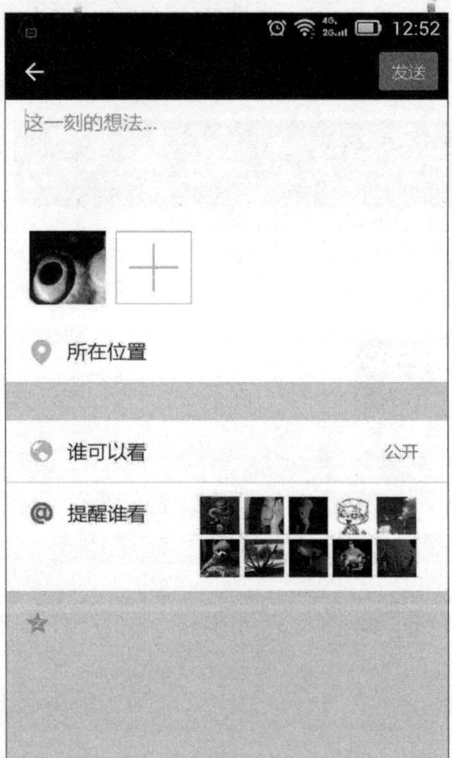

图 8-5 微信文字信息编辑“提醒谁看”界面

3. 谁可以看

为了保护用户的隐私，微信平台推出了“谁可以看”功能，该功能用户可以随心所欲地设置可以看朋友圈的好友。但对微商而言，这也是一个非常有意义的功能，如果你觉得这个功能会限制你推广，那就大错特错了。

不少微商不仅自己销售产品，还把代理商分了等级，代理商看到的信息和普通用户看到的信息有时会不一样。这时，屏蔽掉一些好友，是非常有必要的。比如：将代理商和客户按照不同的等级进行分类。推送内部信息时，根据不同的分组，推送不同的信息，这样既不会显得刷屏，也会有针对性地推送内容，还能防止竞争对手看到不能公开的信息。

在通讯录列表里，常按好友昵称编辑“设置备注及标签”功能，在标签栏对好友进行标签备注。当你想要推送信息时，在文字编辑栏内点击“谁可以看”，在该菜单中选择标签备注好友就可以了（如图 8-6 所示）。

图 8-6 微信“谁可以看”功能界面

4. 分享地理位置

地理位置分享功能对于线下有实体店的微商非常实用。当好友看到该地理信息时，会因为距离近而去线下实体店参观或购买。当你在线上推出活动时，可以通过该功能为好友提供地图导航服务，保证好友的体验感。而对于线上的微商而言，地理位置定位还有一个好处。比如：你的地理位置是云南，你销售的是云南的特产，就等于间接告诉好友们，你销售的是真正的云南特色真品。

微信原本是一个沟通交流的工具，被有商业头脑的人开发成了微商平台；一些服务用户的功能，如果能好好利用，也是方便微商营销的利器。作为微商的你，在日常生活中也应该学会变通，越是不经意被发现的小功能，越能带来大收益。

8.1.3 情况不同，技巧不同

对好友的碎片化时间越了解，对微商的推广就越有利。做宣传推广时，除了必要的内容外，还应该掌握好友的碎片化时间。不一样的时间，目标受众人群不同，用途不同，采取的策略也不相同。那么，在什么样的时间应该使用什么样的技巧来推送呢？

1. 找到最佳推送时间

好友的时间是碎片化的，他可能在上班的时间偷偷地浏览信息，也可能在某个早上起个大早发朋友圈。对于普通好友来讲，什么时间推送，他们都会浏览到信息，而对于微商代理和想做微商的人而言，针对不同的群体，就需要好好把握推送时间了。

（1）已经是微商的群体，他们的生活规律是晚睡晚起，针对他们推送信息时，最好是早上 10：00 以后以及晚上 22：00 以后。中午到下午这段时间，他们不是忙着接单，就是忙着发货，没有时间刷朋友圈（如图 8-7 所示）。

图 8-7 微商发货界面

（2）一些潜在的代理人，他们更多地是希望了解微商的前景，是否真的能够赚钱，因此你要针对这类人群展现你的生活方式，很充实但又很休闲，是上班族无法达到的状态。针对这类人群，推送信息时不能太早，你要让他们看到你睡到自然醒的惬意生活，以及晒单时的幸福生活。

（3）微商的群体里有很大一部分是全职妈妈，她们生活中未必缺钱，但因为在家带孩子会在精神上觉得没有成就感。为此，在推送信息时，可以将做微商成功的女性案例推送到朋友圈，让她们看到做微商生意人的自信、美丽、成就等。这类群体早上要照顾孩子、收拾家务，一般 10：00 以后再来推送信息是容易被查看到的。而下午 16：00—18：00，她们要接孩子放学、做晚饭以及陪孩子写作业等，需要等到 22：00 以后才能有她们自己的时间，同时这时也是她们注意力最集中、身心最放松的时候。

2. 每天的最佳推送次数

微商在朋友圈是不能刷屏的。对于普通好友，每天推送四五条信息就可以了，可以是打折优惠信息、新品上架、有奖竞猜等。微商扩大生意，最重要的是招代理，代理关注的不是朋友圈刷了多少信息，而是你的产品、方向是否能帮助他们赚钱，是否能带着他们入门，帮助他们创业成功。所以，向他们推送的内容可以没有上限，为了起到不断强化的作用，每天至少要推送 10 条信息。如果某些目标人群屏蔽了你，也不用太在意，因为招募代理商最重要的是质量而不是数量。

3. 生活朋友圈里晒的信息更重要

微商愿意做你的下线，是因为你成功了。他们觉得跟着你做微商，通过你的指点也能成功。你只有让他们看到希望，他们才愿意跟着你。所以你在推送日常生活时，一定要让别人觉得你的生活是高大上、自由、快乐的。场所、奢侈品、旅游、美食、品牌、团队、成绩、存款等，能晒得多高大上，就要多高大上（如图 8-8 所示）。总之，只要是看上去像成功人士的都可以放到朋友圈内。

图 8-8 微商晒旅游照片界面

做微商后，最好不要晒负能量的信息，也不能试图去祈求别人来购买产品。因为，就算好友可怜你而购买了产品，但他们不会永远可怜你。所以，最好的办法就是看上去过得非常好，通过自己的正能量来吸引别人。你在微商方面的成功，也会让普通好友觉得你值得信任。

8.1.4 朋友圈互动小秘诀

一条信息推送到朋友圈后，如果能引起好友的互动，说明这条信息是成功的。通过互动、聊天让好友更详细地了解产品信息，才能促成成交。你可能会说，互动谁不会，不就是聊天嘛！没错，但如果在互动中无法达成营销的目的，或者只是聊天，这样的互动是完全没有意义的，而真正有效的互动，大多数微商都没有做到。

1. 1 对 1 回复

好友在信息下面留言后，点击他的昵称可以直接进行回复，能够看到该信息的只有他本人。隐秘性回复的好处是，有被对方重视的感觉，你也可以私下给他优惠；缺点是，其他好友看不到信息，如果其他好友问同样的问题，你需要回答多次，非常浪费时间。对于 1 对 1 回复，最好回答私密性的问题时使用（如图 8-9 所示）。

图 8-9 朋友圈 1 对 1 回复界面

2.1 对多回复

如果好友针对某个问题问得比较多，可以使用 1 对多回复的形式。点击“评论”菜单，让所有的好友看到你的回复。同时，给你信息点赞和评论过的好友，能够看到信息提醒。1 对多回复的好处是，让好友觉得给你评论的用户非常多，你的生意做得很大（如图 8-10 所示）。当然，你还可以利用 1 对多的方式来“欺骗”好友。比如：某小伙伴说，使用了产品之后感觉还不错，就是货不多了；信息一发出，货就没几件了，如果订不到货，不好意思……

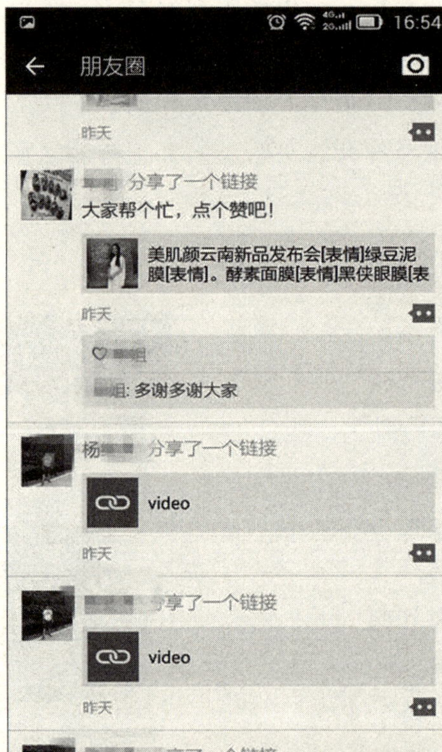

图 8-10 朋友圈一对多回复界面

在朋友圈发完信息 10 分钟后，可以用其他的微信号给自己的账号下面留言。通过“1 对多”回复，带动更多好友评论，这样才能有更多的好友愿意参与进来。

8.2 战斗机之微信群

微信群是腾讯公司推出的多人聊天交流服务。群主创建微信群后，可以邀请微信内的好友到一个群里聊天。除此之外，微信群内的群成员也可以通过邀请，把自己微信内好友添加到微信群内。如果你能够利用好微信群，将对销售、引流、管理等起到重大的作用，帮助微商迅速提升业绩。

8.2.1 创建一个微信群

想要借助微信群来做营销，除了需要朋友帮助邀请外，必须创建自己的微信群，然后对微信群进行一些简单的设置，这样才能展开营销。

1. 创建和管理

用手机登录微信后，在微信界面点击右上角“+”菜单，再点击“发起群聊”菜单，这时可以勾选想要添加的好友，再点击“确定”就创建好了一个微信群（如图8-11所示）。微信群创建成功后，就可以在群内发送各类信息了。

如果不喜欢群内某位成员，还可以从群中删除他。打开聊天界面，点击右上角“群成员”菜单。在群成员菜单内可以看到“+”号菜单和“-”号菜单。点击“-”号菜单就可以对群内好友进行删除了（如图8-12所示）。如果想要添加某位好友，点击该界面中的“+”号菜单，便可以邀请好友进群。

图 8-11 微信“发起群聊”创建界面

图 8-12 微信群“群成员”界面

每个群创建后都是以最初添加好友的昵称作为群名称的，这样既不美观也不正规。若想给微信群起一个名字，可以下拉该界面菜单，找到“群聊名称”菜单，点击该菜单后，随心所欲修改喜欢的群名称（如图 8-13 所示）。

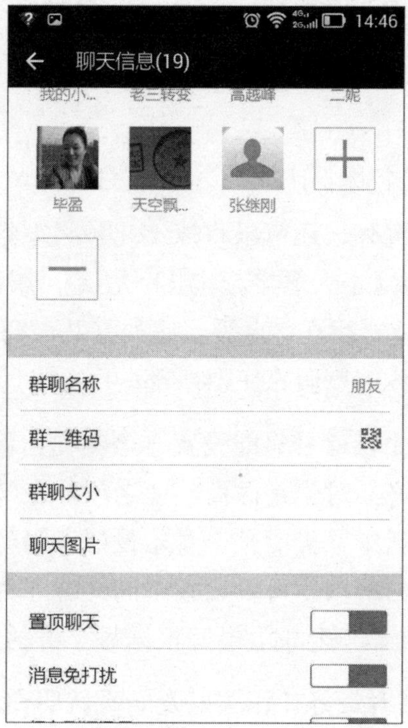

图 8-13 微信群“群聊名称”界面

2. 微信群设置技巧

在交流、聊天的微信群内大多数是你的好友，无论微信群是否设置，都不会影响你在朋友心中的印象。但如果使用微信群做营销，就会添加许多陌生好友。这时，如果不给微信群进行设置，别人就无法了解这到底是怎样的一个微信群，从而导致许多成员退群。

群名称设置。微信群有了群名称，群内成员才能了解这到底是一个怎样的群。而无论是了解一个人还是一家公司，都是从名字开始的，所以微信群的名称很重要。你可以根据不同的需求，对微信群进行不同的设置。

（1）根据你的个人名字、所属品牌名字、所属组织来进行设置。比如亮艾护肤美容群、二妮亲友群等。

（2）根据群的用途来设置名称。比如：×× 讨论群、×× 管理群、×× 信息发布群等。

（3）根据级别属性来设置名称。比如：×× 总群、×× 分群等。

（4）根据地域属性来设置名称。比如：×× 广州群、×× 北京群等。

（5）根据社群特点来设置名称。比如：×× 健康养生群、×× 美容群、×× 吃货群等。

（6）根据行业来设置名称。比如：×× 教育群、×× 微商群等。

群名称除了单一的设置外，还可以将以上几种类型组合起来使用。这类群使用时一般表现为：品牌名称（个人名字、组织）+ 用途 + 属性；品牌名字（个人名字、组织）+ 地域 + 属性；地域 + 社群特点等。比如亮艾微商代理总群、微商创业北京代理皇冠群、临沂龙园休闲度假家庄俱乐部……

微信群昵称设置。每个微信号只能设置一个昵称，但这个名称并不能表达你所有的身份。比如：销售产品时你是微商创业老板，在学校里你是学生，在公司里你是员工或领导，在生活中又可能是个音乐爱好者等。虽然微信号的昵称只能设置一个，但在不同的微信群内却可以设置不同的群昵称，这样就能更好地融入微信群的大家族里。在设置群昵称时，最好根据每个群的定位来设置自己的昵称。

（1）**简单明了**。取名时最好让相关好友一看就明白。比如魔皂代理人小红、营养学讲师张星等。

在设置这类昵称时，为了加深群成员对你的印象还可以在中间用分隔号隔开。比如：营养学讲师—张星或张星—营养学讲师。

（2）**以品牌为名**。许多微商老板都是普通的大学生、全职妈妈，他们没有较高的职称。遇到这样的情况就以品牌为名。比如中华神皂代理人小雪、秀域美容机构付昕等。

（3）**用真实的名字**。用真实名字最大的好处就是更能让人信任你。尤其在营销初期，个人品牌还没有建立起来，真实的名字更能给用户安全感。

（4）**适合互联网思维的名字**。微商本身就是互联网营销的一种，最简单的起名方式自然也离不开互联网。而一个好的名字，还可以是符合互联网思维的。这类名称一般可以分为抽象型、模糊型、形象型、引用型、表达型和描述型等。当然，互联网是多变的，取名的类型也不仅仅只是这些，还可以使用小说人物、历史人物、网络流行词汇、动物名等。比如小诸葛、孙猴子、长发及腰等。

起昵称时选择范围虽然广泛，但也有一些需要注意的问题。首先，昵称一旦确定后就不要再修改，因为你在群内已经积累了大量的人气，如果经常改动昵称，前面的积累就会前功尽弃；其次，起昵称时，最后选择容易传播的，很多人容易记忆的，尽量避免使用生僻字；最后，昵称起好后，所有利用传播的平台最好统一起来，如果有线下营销，也尽量让名片、海报等使用这个名字。

微信群聊天背景设置。群聊天背景是一个极其容易被用户忽略的重要营销方式。因为成员们在群内聊天，遇到好玩的事会习惯截图，然后将这些信息分享到朋友圈或好友的微信内。如果这时群内的聊天背景内有产品信息、LOGO、品牌名称等，在截图时这个背景就会帮你做宣传。

8.2.2 微信群的特点及营销价值

每个平台都有其独特的特点，也有着适合在该平台上活跃的人群。想要借助微信群做营销，就要了解它的特点。

1. 微信群的特点

（1）**部落特征**。群像一个部落。部落里的群成员有着共同的价值观、需求、目标。

（2）**沟通方式多样化**。微信群的沟通是多样的。你可以在群内选择图文、视频、名片、语音等多种沟通方式。

（3）**100%传达率的沟通形式**。只要在有网络的地方，成员就能够时时接受微信群内的消息，传达率达到了100%。它不受空间、时间、距离限制。

（4）**1对N、N对N的沟通形式**。在微信群内聊天时可以是1对1、1对N、N对N、N对1。

2. 微信群的价值

（1）**管理价值**。按照传统，公司需要开一个面对面会议沟通时，因受到地域和时间的限制而难以完成。如果开会地点约在外地或者某一个地方，又可能因为地域的原因，浪费大量在路上的时间。这种模式，使企业不必要的开支大大增加。而微信群就没有任何限制，可以实时发起会议，邀请来自世界各地的用户加入。

做微商营销，不时也会发布会议安排、活动组织、培训学习等信息。比如：在房导演的朋友圈微信群内，就有许多关于电影演员招聘类的信息。该类信息发出后，无论群好友身在哪里，只要觉得这份工作或活动适合自己，就可以按照群内提供的信息来联系相关人员（如图 8-14 所示）。

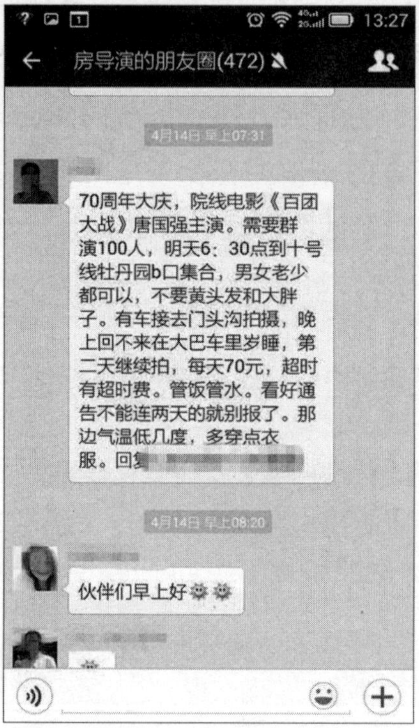

图 8-14 房导演的朋友圈微信群界面

（2）**交互价值**。微信群有着信息交互的价值，任何一位群内成员都可以把信息共享到群里，也可以在群内接受其他成员的信息。同时，还可以在群内共同讨论某一个话题、发表自己的观点，从而完成意见和建议的交互，达成共识。

（3）**数据价值**。每个微信群都是有若干个群成员组成的，大则百位，小则几十位。而群里的每一位成员都可以添加若干个微信群，这些群通过群成员相互关联，变成了一个可以互通数据的庞大群组。在群微信内，成员之间都可以互相添加为好友。比如：在微信群内，甲想添加群内全部成员，而这些成员变成好友后又将甲拉到其他群内，甲再次将另外一个群成员添加好友……这样，甲一下子就有了无限的数据。而每一个群都是一个鱼塘，鱼塘与鱼塘之间有着某种关联。做微商的你，如果找到了这种关联，就可以在里面找到取之不尽的客户资源和宣传的平台（如图 8-15 所示）。

图 8-15 正儿八经小组微信群

（4）**圈层价值**。微信群内的成员是由拥有共同价值观或者共同需求的个体集合到一起的群体。每一个微信群都相当于一个圈子，群内的每位成员都有自己的群组，这些有着共同兴趣爱好的个人添加到群内后，就拥有了自己的人际关系圈。

8.2.3 微信群营销 3 大要素

在每个微信群内想要做营销，首先需要让群成员认识你，只有被关注引起他们的重视，他们才更愿意信任你。所以在微信群内如何展现自己变得至关重要。在微信群内不经常聊天就谈不上营销，群内成员也不会主动添加你为好友，这样想要挖掘微信群背后的数据就变得困难。如果做营销选择的是过于简单粗暴的发广告、推名片的方式，不仅没有效果，还很有可能被群主清理出去。

1. 展现自己

任何一个人，无论在生活中还是在网上，有价值才会得到别人的认同和喜爱。想要让营销成功，就需要努力展现自己的魅力，为别人提供更多价值，并在恰当的时候参与讨论，让群成员喜欢你。比如，讲解与产品相关的知识内容。如果你销售的产品是化妆品，那么与之相关的美容知识就是必须要掌握的，在群内讲解美容知识就会比直接打广告更能受到好友们的喜爱。

2. 开展群内娱乐活动

现在是全民娱乐时代，明星、草根达人、电视真人秀节目……都已娱乐化。作为借助移动互联网来做微商的你，必须紧跟潮流。目前，能够带动群内活动氛围的娱乐活动莫过于抢红包了。在微信群内包红包不需要多高的金额，1 毛钱也可以玩得很嗨。通过显示抢红包的群成员，也可以判断出目前谁在线上，然后有针对性地展开讨论。如果红包的金额比较大，还可以让运气王发红包，这样能带动更多的群成员参与进来（如图 8-16 所示）。

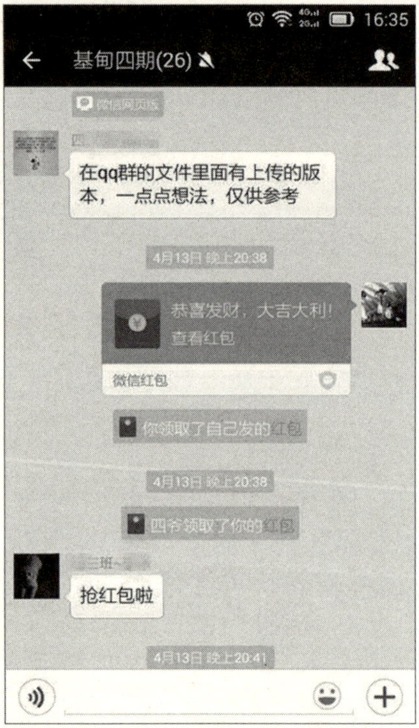

图 8-16 基甸四期培训群抢红包活动界面

在微信群内发广告是令人讨厌的，并且会降低自己的身份，但通过微信群发红包则能增加人气和好感。如果有必要，还可以在包红包时，写上产品的名称和想要宣传的广告内容，这样他们在抢红包时也能看到广告，是非常不错的方法。

3. 有共同的话题

大多数微信群内每天都会有群成员发送一些问候、笑话、段子、正能量等信息。这看似使群有了一定的活跃度，但这并没有任何意义，也不会引起其他成员的关注。

久而久之，这些内容变成了一种骚扰，导致成员们觉得此群无趣而退群。如果这个群是你的，就需要注意了，因为这个群正进入死群的状态。

想要让群真正地活跃起来，就必须避免这些没有价值的垃圾信息，鼓励发起一些大家感兴趣的话题以及聊天增加彼此之间的友情。比如：在某个有共同兴趣的群内发布有需求的信息，引起群内好友的兴趣（如图 8-17 所示）；在吃货群内讨论新开张的店、哪家店更好吃等；在电商、微商群内讨论最近的电商趋势、如何开展活动、怎样提高营销技巧等话题。

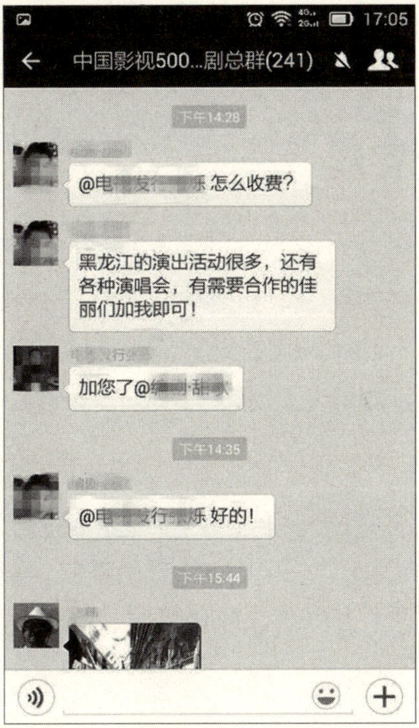

图 8-17 共同兴趣群内发布需求信息界面

有了这些共同话题后，群内的成员才会因为怕错过好内容而不定时地来群内查看。微信群能够做到这样，才说明这个群有了足够的凝聚力。与其有几十个死群，还不如好好经营几个这样更有活力的微信群。

8.3 战斗机之百度平台

虽然移动互联网已经成为不可逆转的趋势，但互联网在短期内不可能完全被替代，互联网依然有着非常庞大的基数，而习惯使用互联网的用户，仍然喜欢通过百度来获取信息、查询资料。如果你的信息可以在百度平台上出现，就相当于获得了流量的入口。

8.3.1 百度百科

在百度上搜索某个关键词时，首页中排名靠前的，而且最引人注目的一定少不了“百度百科”。对于微商而言，想要将自己打造为自明星，一定少不了编辑自己的百度百科。当对你不了解的用户通过百度搜索出你的百度百科时，他们会对你有了更加深刻的了解，也会更愿意关注你。

1. 编写百度百科信息

编写百度百科时，大多是撰写自己的个人百科。写人物百科时可以参考一些你熟知的、同领域的人物百科。因为人物百科的撰写，模式都是差不多的，一般包括简介提炼、基本信息、个人经历、现状描写、特长、已获得成绩等（如图 8-18 所示）。

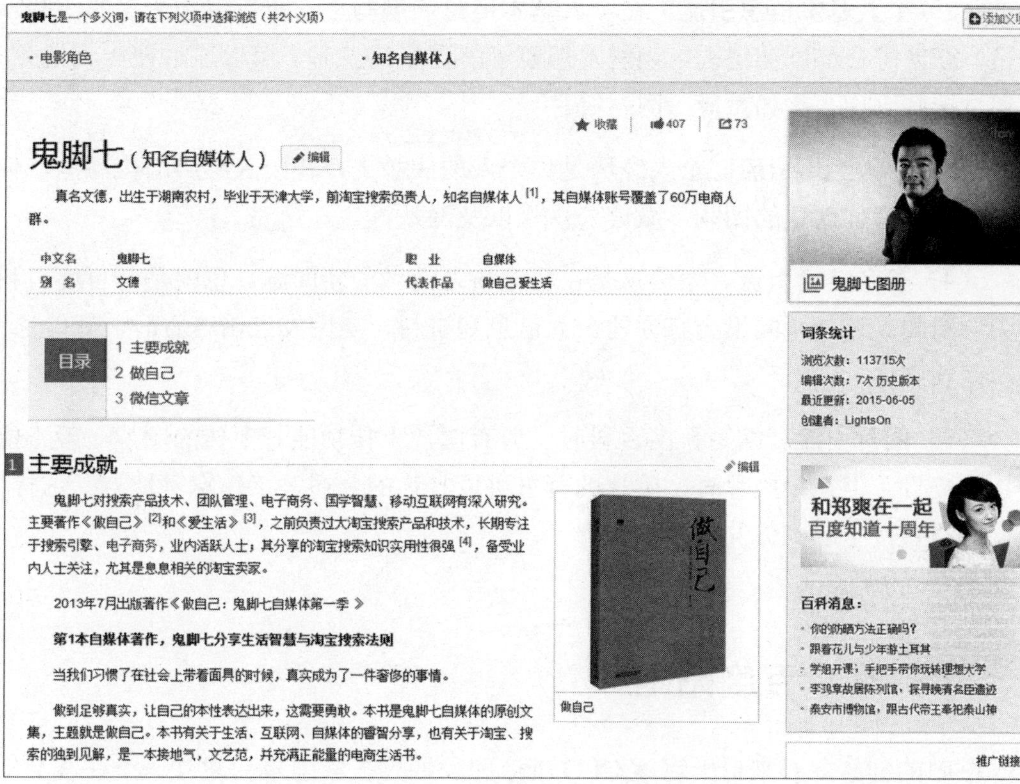

图 8-18　百度百科自明星页面

百度百科代表的是第三方的权威，所以在写百科的时候，不能以自己的角度来写，过于自夸、虚假。每一篇百度百科都需要百度内部员工的审核，如果写得不够官方，很可能在下次申请时不容易通过。为了能够显得更官方又不虚假，最好结合自己的特长、工作中的经历、曾经得到过的荣誉来写，这样才能看上去更专业、可靠。

2. 借助百度百科引流

在百度百科里一般看不到“明星”的联系方式。但微商想要引流只将自己的资料贴到百科上是远远不够的，让网友们联系到你才能销售产品。那么，如何才能通过百度百科让网友们找到你呢？

（1）**简介引流**。个人简介虽然只能写个人介绍，但可以在编辑资料时，将你的团队的关键词加入进去。当网友搜索某团队时，就会出现与你相关的信息。

（2）**个人基本信息引流**。在个人基本信息的编写里，可以将你所在的团队、公司、微博等资料添加进去。当网友想要了解更多信息时，可以通过搜索其他关键词直接找到你，比如微博、网站等。

（3）**个人经历引流**。个人经历是你个人的成长史，在个人经历的撰写里，你可以着重编写你创建的团队、微信公众号以及网站等。

（4）**参考资料引流**。该信息是在写百科之前做的新闻源，也就是与百度百科相关的新闻。这些新闻里会有你的个人信息和资料，当网友点击查看时，就能通过新闻找到你。

（5）**图片引流**。编写百度百科时一般有图片上传功能。上传的图片一般不能直接打广告，但在拍照片时，图片的背景可以是你的公司、工作室等地方。这样网友可以直接了解到你的团队。

8.3.2 百度贴吧

贴吧的创意主要来自于百度 CEO 李彦宏。通过搜索引擎，建立一个在线交流的平台，把那些对同一个话题感兴趣的人聚集到一起，以此汇集志同道合的网友。贴吧是一个精准又活跃的“鱼塘”，许多贴吧的活跃用户在几万到几十万不等。面对如此多的用户和贴吧规则，如何推送信息才能营销自己呢？

1. 借助软文

如果你想在贴吧里宣传自己，首先要找到适合推广的贴吧，根据贴吧的特点，很容易找到精准人群。比如：你是一个销售面膜的微商，可以在贴吧主页搜索美容、护肤、面膜等关键词的贴吧；如果你的产品，仅在本地推广，也可以搜索你所在城市的关键词，找到本地贴吧。

关注贴吧后，就可以在贴吧内推送信息了。不过，由于贴吧的一些规定，不能直接推送产品信息，一些微商选择借助软文的形式来推广。比如：去痘已经一年了，终于找到了一些经验！我能够变女神，自信地走在街上；减肥 5 年心酸路，我终于瘦了……因为关注该平台的用户，大多是想解决自己皮肤问题的，讲述自己的经验、经历的软文，更能吸引他们的注意（如图 8-19 所示）。

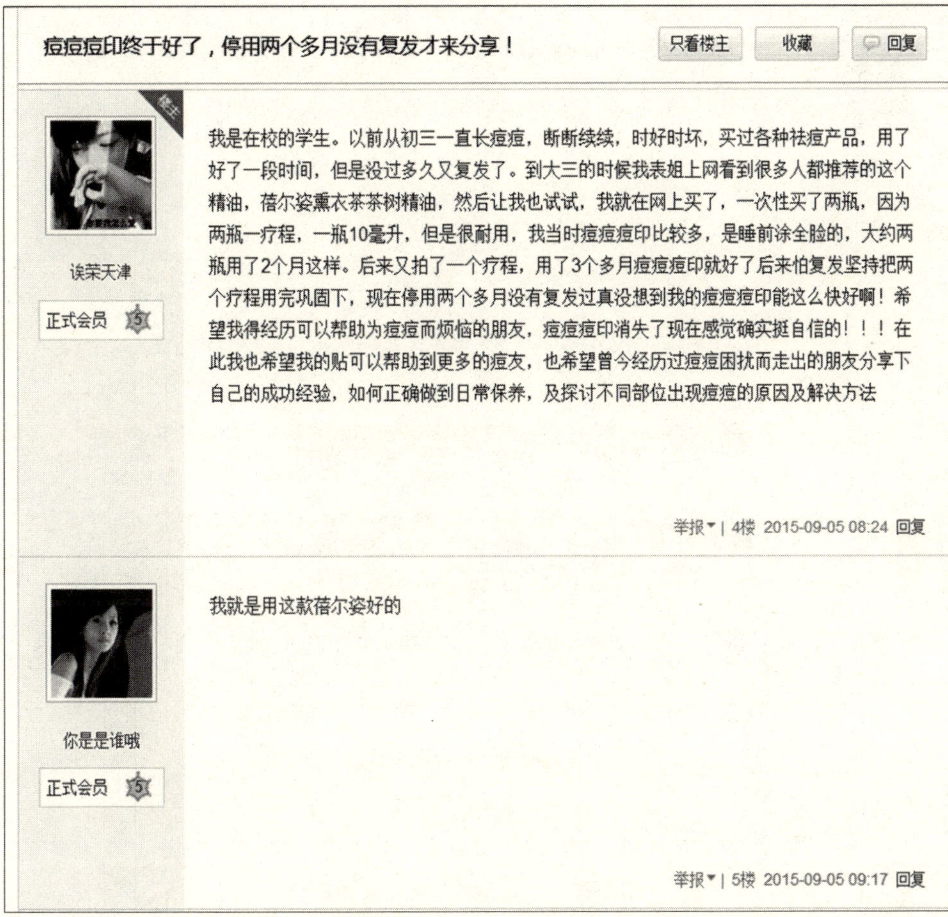

图 8-19 贴吧的评论页面

需要注意的是，虽然是软文，但依然不让有太明显的广告，不然很难引起用户们的注意，同时也很容易被删帖。所以，尽量将帖子写实一些、语气更接地气一些，然后将一个帖子分成几个帖子来推送，才更像使用过程的真实写照。当用户们向你求教时，你可以将你的微信号告诉他们，直接将他们转化成了自己的准客户。

2. 评论推广

你不可能每天都在贴吧里发信息做推广，总有闲下来的时间，这时你可以查看其他用户发布的帖子。如果该帖子是需要解决问题的，你可以在帖子下面评论，给他推荐产品，或帮助他答疑解惑混脸熟和资历（如图 8-20 所示）。

图 8-20 “美容吧”评论页面

3. 逆思维推广

微商不仅要寻找客户，还要寻找适合的代理商，但在众多用户中，哪些最适合做代理呢？为了能够最快地寻找到代理商，可以使用逆思维的方法。比如，微商去贴吧做宣传是想着卖货，但如果你变成一个买货的，发布需要产品信息的帖子，很快就会有微商来找你。因为他们本身已经是微商了，又有足够的经验，如果能将他们成功转化成自己的代理，你的团队会在短时间内壮大（如图 8-21 所示）。

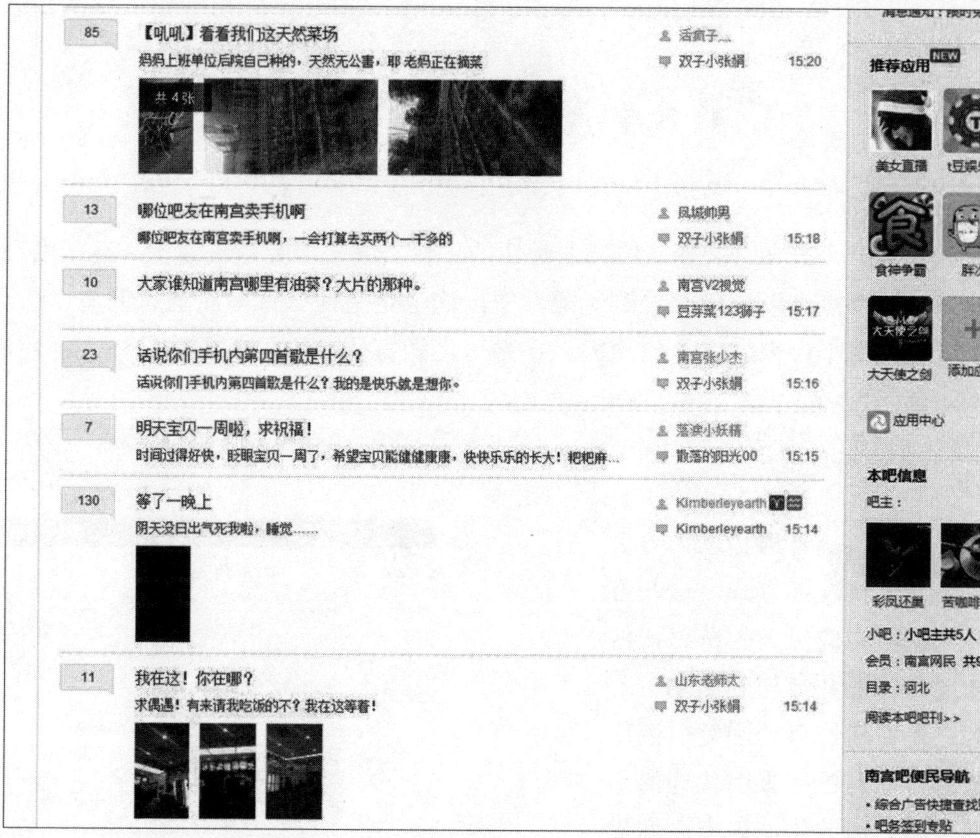

图 8-21 “南宫吧”本地吧用户发布需求帖子页面

在一个贴吧混久了，也能成为“明星”。如果你在某个贴吧有了自己的名气，还可以创建自己的贴吧，并将喜欢你的用户拉到自己的贴吧里。由于你是吧主，你可以在自己的贴吧里发布广告帖，为自己的产品做宣传。

8.4 战斗机之微博

微博是一个开放、裂变、传播非常快的平台。该平台上数据量大、活跃度高，它的开放性特点可以让微商看到无限希望，这也是为什么许多企业、明星、微商选择借助微博平台来做宣传的原因。在微博上做宣传，不仅需要好的内容，还需要一些推广技巧。

1. 自动回复推广

微博推广，一般借助内容、优惠、有奖转发等方式，这些方式要对粉丝构成极大的诱惑，他们才愿意转发并参与到活动中。除此之外，通过自动回复引流比较简单，而且更能吸引代理商。随着微博的商业化，许多微商借助添加用户的方式来提高产品名气，如果这时你将自己的个人信息、电话、微信号等信息添加到自动回复里，他们很可能主动联系你。等你们成为了微信好友，你可以将他变为你的代理商（如图 8-22 所示）。

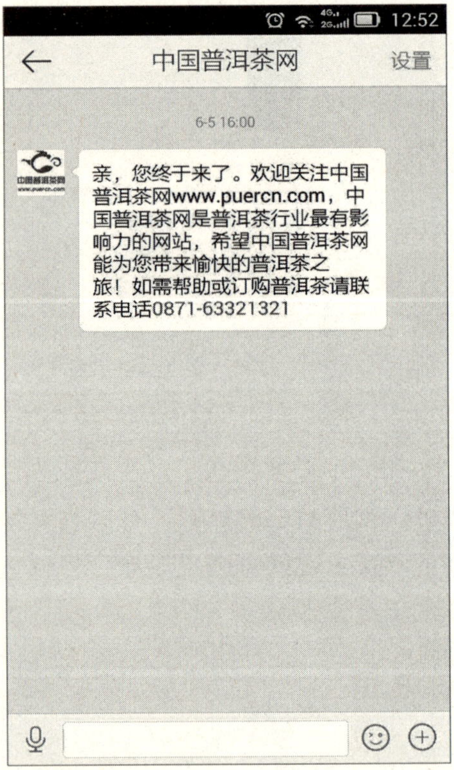

图 8-22 微博“自动回复”界面

2. 内容推广

微博推广中，内容推广是最常使用的方法，同时也是最给力的方法。虽然每天有无数用户写文章、传图片，但真正能够引起用户们注意的，只有那么几个账号。所以你必须保证所推送的内容是好玩的、新鲜的。比如：全球健身中心账号，将一个儿童折腰的动态图上传到了平台上，让粉丝们见识了小孩子柔软的力量，17 分钟内有 275 位粉丝转发了该微博（如图 8-23 所示）。

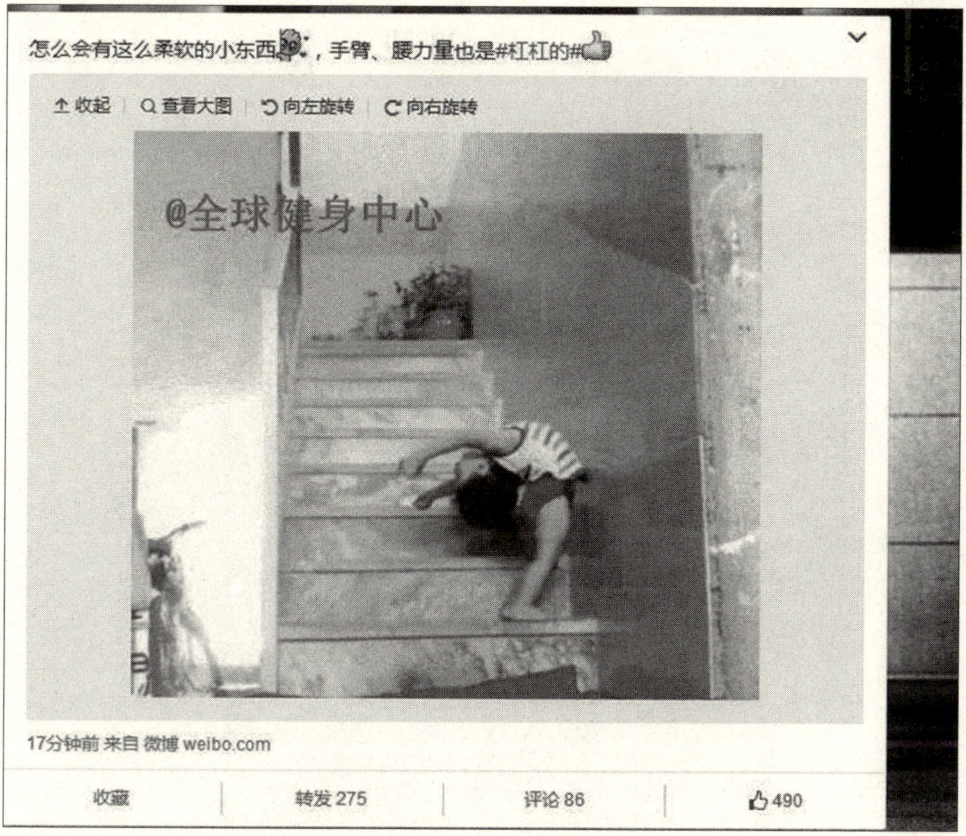

图 8-23　全球健身中心微博页面

每位粉丝的背后，有几百甚至上千粉丝，很多平台为了吸引粉丝高质量转发，都在努力寻找或自创好玩、新鲜的内容。当然，所推送的内容不能为了转发而转发，必须推送与产品相关的内容。如果你销售面膜产品，推送的内容应该与面膜相关；如果销售保健品，可以推送感人至深、关心父母的内容等。

3. 借助热门话题

众所周知，一条信息能上热门话题，不仅会引起粉丝们争相讨论，还会引起他们的转发，这相当于该条信息能被几亿用户看到。不过，上热门话题的一般是明星、企业宣传和与新浪合作推出的内容，作为一个普通用户想要上热门话题，难度较大。不过，作为微商，有人群的地方就有生意，既然热门话题聚集了大量人气。身为微商的你怎么能不去凑个热闹，推广一下自己呢？

微博平台，“# 你好夏天 # 话题”，已有几亿的阅读量和上百万的评论量。每到夏天来的时候，用户们就会发一些偏文艺、有诗意的句子。如果写得好，会引起喜爱该话题的用户的转发。凌冬 - 明用户就借助热门话题，表达自己对夏天的理解，由于得到了用户们的喜爱，获得了粉丝们的大量转发（如图 8-24 所示）。

图 8-24 “凌冬 - 明”话题微博页面

参与话题时，将产品信息、联系方式等添加到图片内，并上传到微博平台。当用户们喜欢你的微博内容，就会连同广告图片一同转发，宣传自己、宣传产品两不误。

微博平台是一个宣传的好平台，但新浪与微信是死对头，你不能在文章中提到“微信”两个字，这会造成信息屏蔽，严重者会造成封号。所以，在写自动回复、参与话题时，最好借助别的方式，比如图片、wx（微信缩写）等。

8.5 战斗机之论坛

论坛是一个互联网上的社交平台，也是最早出现的在线社区。由于论坛出现的时间较长，所以这些平台上聚集了大量的用户，是一个巨大的鱼塘。微商进入这个鱼塘后，通过一些混论坛的技巧，就可以将大鱼塘里的鱼，捞到自己的小鱼塘。

在中国，目前最火的两个论坛是：天涯和豆瓣。两个论坛都能通过特定的板块和小组找到指定的推广人群。除此之外，还可以寻找与产品较为接近的小型论坛以及本地论坛，这些论坛虽然没有大论坛人气旺，但做推广时也能起到一定的效果。想要在论坛上混得更好，应该怎样来营销呢？

1. 话题型内容

话题型的内容就是根据当下人们乐于谈论的热门话题来展开。写这类内容时，可以根据当下流行的电视剧、明星、微博、微信等热门话题来写。如果你对某类热门话题持不同的观点，很容易引起用户们的注意，成为热帖。不过，在选择热门话题时，最好选择与自己的产品相符的。如果对热门话题的展开和观点不是很新颖，还可以借助“做生意”这个热门话题。

微商引发了一场生意热，谁不借助手机做个小生意，就显得自己落伍了。为此，论坛上一个昵称叫作“观一侨”的ID，写了一篇“我讲的是你在书上学不到的”帖子。该帖子讲述了自己的经历，并总结了十年中的点点滴滴，讲述了在没有本钱的情况下如何创业。由于他写的帖子让用户们觉得很值得学习，他们纷纷留言要他的个人联系方式（如图 8-25 所示）。

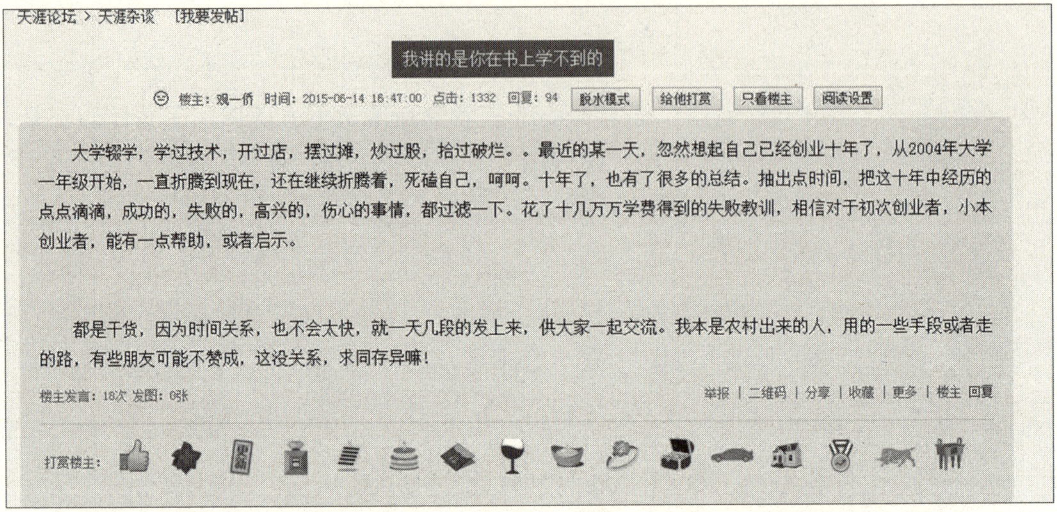

图 8-25 天涯论坛“我讲的是你在书上学不到的”帖子页面

只要有用户主动联系你，你就钓到了小鱼。在写这类帖子时，一定要把赚钱经历用很轻松的方式写出来，这样他们才能信服你，并跟着你一起赚钱。

2. 长帖连载

如果你的账号刚注册不久，还没有足够的级别，可以通过发表长帖子来培养账号和人气。细数之前成功的热帖，很多都像网文一样，定期更新。通过自己顶帖，与用户互动，该帖子很容易有较高的评论。这样，可以慢慢地让用户熟悉你、了解你。

写这类帖子时，最好能够用当下最流行的语言。你不能用前几年的流行文艺腔来写，而应该用符合当下的搞笑的语言来写。这样很能引起用户们的兴趣。网友来到论坛，非常希望放松自己的神经。所以，在写作的时候，应该满足用户们的这种心理需求。

3. 产品软文营销

在天涯论坛上，有一个“我爱网购”板块，是一个销售产品的板块，许多微商都活跃在该板块中，如果你想招代理，这个板块是最佳的好地方。在这里，可以甩卖自己闲置的物品；微商可以交流经验；想做微商的用户，可以来这里寻找适合的货源。如果你想招代理，可以将你的产品晒到该板块里，并留下自己的微信号，自然会有网友来找你（如图 8-26 所示）。

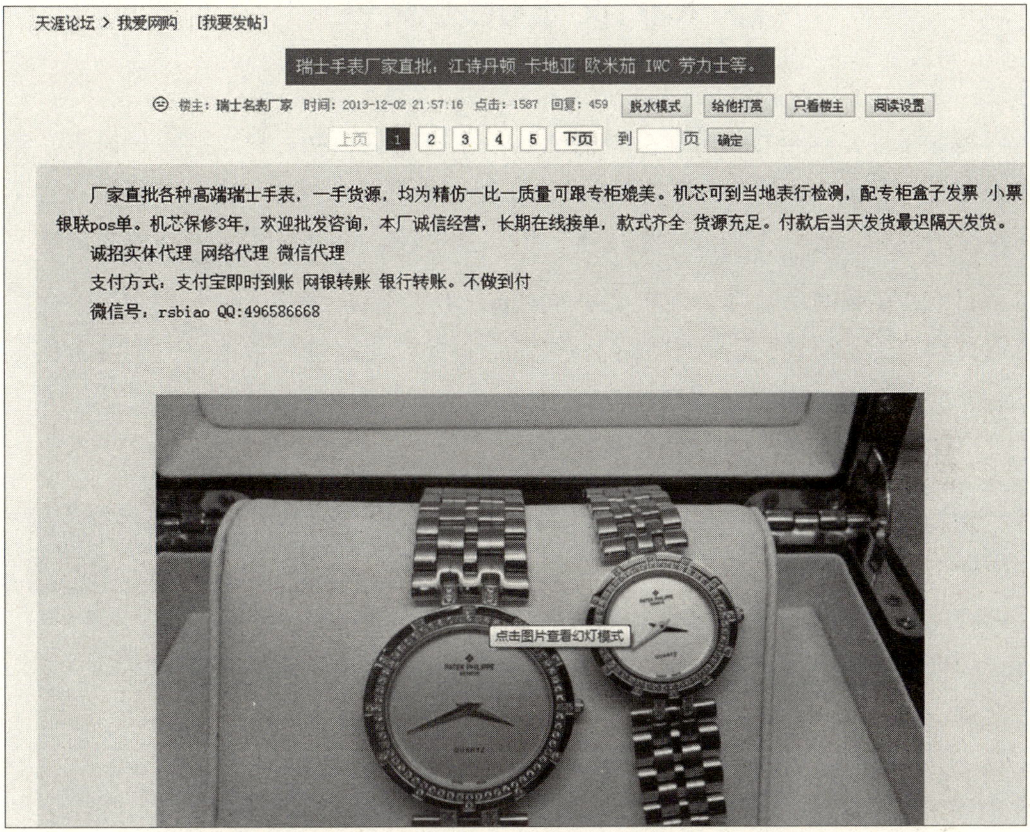

图 8-26 天涯论坛“我爱网购”板块微商晒产品帖子页面

混论坛时，如果有老账号，最好使用老号。这样不仅回复无须验证，还能因为是老号而被信任。不过，做论坛营销一个账号是不够的，在没有人帮助顶帖的时候，你需要用新号顶帖，保证被用户们刷帖子时看到。

8.6 战斗机之视频

视频推广是一个传播非常广的方式。一个有意思、精彩好玩的视频，不仅会红遍微博、论坛，还会红遍朋友圈。而且在搜索引擎网站搜索时，大多会排在首页。制作一个视频，有些不需要太多成本，但一旦上传，很有可能带来持久的流量。

目前，视频网站非常多，非常知名的有优酷、土豆、酷6、56视频、新浪视频、腾讯视频等。无论选择在哪个网站上做宣传，首先都要对视频营销有一个基本认识，然后才能有针对性地展开营销。

1. 什么样的素材最好

想要录制推广视频，必须知道什么样的视频才适合做推广，为此，必须找到适合的素材。如果是为了宣传产品而推出视频，可以录制产品的使用功效、产品的特点、卖点等（如图8-27所示）；如果是销售面膜、美容等产品，还可以将使用产品的整个过程上传，给用户们更直观的视觉感受。当然，一些保养知识、美容知识讲座之类的视频，也可以免费提供给用户，让他们更加信任你，从而带动产品销售。

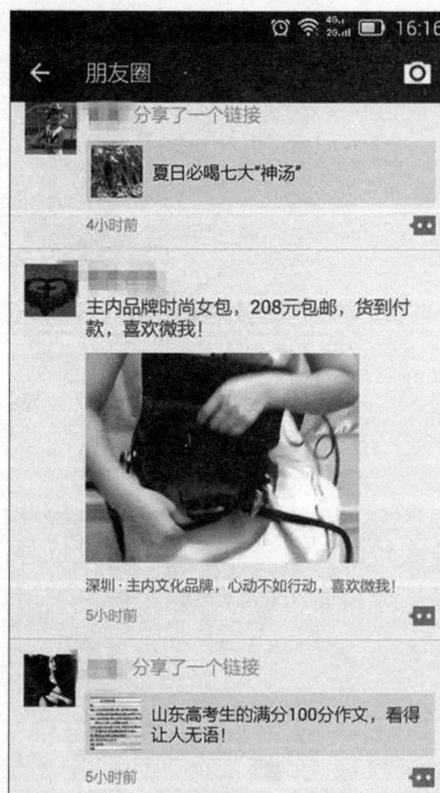

图 8-27 微信朋友圈视频介绍产品界面

2. 学会改编别人的视频

网上有不少好玩、搞笑的视频，这些视频不仅转载率高，有些还能成为热门话题。如果你会做视频剪辑，可以将一些好玩的视频与影视作品结合，通过自己配音，将一段大家耳熟能详的作品，变成一个新的作品。比如，胥渡吧制作的视频《高考过后众生相》就得到了 1000 多次的转发（如图 8-28 所示）。该视频将经典的电视剧剪辑在一起，并单独配音，一段好玩又好笑的视频，就这样获得了粉丝们的喜爱。

图 8-28 胥渡吧微博平台“视频”页面

制作视频时，一定要将自己的团队、公众号、微信号、二维码等放到视频里，这样方便用户们联系你。为了制作与产品相关的视频，在剪辑该类视频时，可以以产品命名，或者将许多影视中某类产品提取，剪辑到一个视频里，都是不错的宣传方法。

3. 优化视频的关键词

无论是视频，还是文章内容，如果有提取关键词的菜单，一定要将搜索时最常用的关键词输入进去，这样，当用户在搜索引擎网站搜索某关键词时，该视频很容易被搜索出来。比如影视作品名称（影视作品名称搜索量很大，视频提取影视作品名称作关键词，会很容易被搜索出来）、产品名称、团队名称等。

4. 哪些网站适合推广

做视频推广，最好选择较大的网站，像优酷、土豆、56 视频等。虽然较大的网站竞争也大，但因为是用户们经常看视频的网站，用户会很有安全感。随着木马病毒渗入视频和一些不法网站中，用户点击查看网站信息也是很小心的。

上传视频时，最好选择用户们上网的时间段，比如晚上 22：00、中午 12：00—13：00 等。因为新上传的视频容易挂上首页，这时用户看视频信息时，正好看到你的，提高了视频点击率。

8.7 战斗机之二维码

二维码是一个直接引流、购买的宣传工具。只要用户对着二维码扫一扫，就能直接将用户带到你想让他“去的地方”。不过，不是所有的用户都愿意主动扫码的，你必须给他们一些甜头和诱惑，满足他们的好奇心或给他们一些礼品优惠，这样他们才更愿意扫码。

1. 小小诱惑，轻松扫码

一个黑白色的二维码被贴出来后，你必须要告诉用户，这个二维码里到底有什么，不然他们是不会扫码的。既然需要写清楚、讲明白，不如将这个二维码写得更具诱惑力一些。比如：春节期间流行发红包，直到春节过去几个月后，红包依然充满诱惑力。这主要因为红包可以提现，用户觉得抢到了真正的“钱”。在做扫码活动时，可以借助红包来宣传，吸引那些喜欢占小便宜的用户，让他们主动添加你（如图 8-29 所示）。

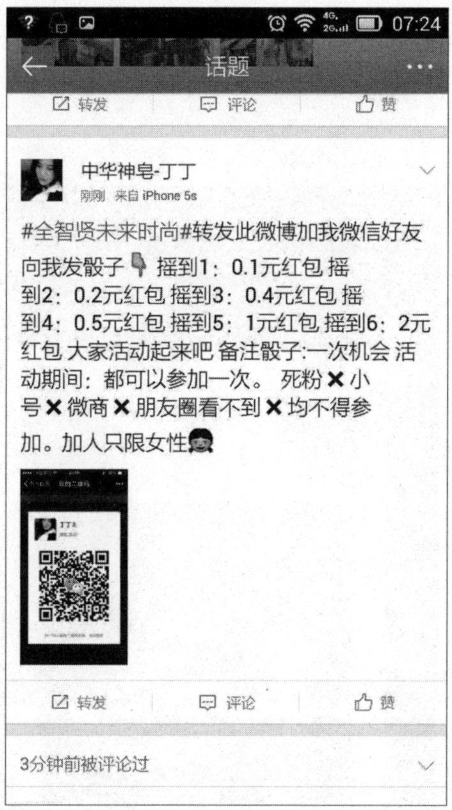

图 8-29　微商二维码推广界面

做这类活动时，不能为了诱惑而诱惑，必须给用户发红包。如果觉得给每位添加的用户发红包基数过大，可以投放微信群二维码，并告诉用户们，每天都有现金红包发送，希望用户们可以添加到微信群内抢红包。

2. 扫码享优惠

产品优惠活动是商家一直喜欢使用的促销手段。作为微商，优惠活动也是活动促销时必不可少的一种方法。电商平台推出优惠活动时，会将店铺的链接添加到内容里。而微商大多是借助手机做营销，由于不少平台对腾讯微信的屏蔽，有时直接将公众号、微信号、QQ 号等信息放到内容里并不适合，并且添加过程也较为烦琐。这时，可以将个人联系方式或公众号的二维码贴到平台上，用户想参与活动，可以通过扫码直接添加（如图 8-30 所示）。

8-30 微博“优惠活动”宣传界面

3. 线下二维码带动线上销量

如果你在线下有实体店，为了留住新老客户，可以通过二维码将线下的客户转化到线上。通过线上的内容营销，让客户更加了解你的产品和服务。在线下推广时，可以借助二维码传单、店内开展扫码活动，或者将二维码印刷到客户可以看到的地方（如图 8-31 所示）。

图 8-31 线下二维码推广

对于大众经常消费的产品，做这类二维码宣传非常合适。但如果你销售的产品是高档品或小众产品，这样大面积、借助优惠诱惑的方法就不合适了。因为他们更注重产品本身，而并非占小便宜。面对特定人群时，可以将二维码摆放到特殊的地方，比如写字楼、古玩市场或一些高档场所。在介绍该二维码时，应该以品位、品质生活、专业知识类的宣传为主，这样他们才更愿意扫码关注。

8.8 战斗机之传单

发传单是日常生活中最常见到的宣传方式，同时也是被很多消费者所讨厌的一种推广方法。虽然这种方法遭人鄙视，但一直被商家所使用，就是因为有效果。作为微商，当然要使用线上的推广，如果线下推广能带来销量，又何必不多多使用呢？

1. 广撒网，寻找目标消费者

一张宣传单对于没有需求的消费者来讲是无用的，但如果在众多人群中找到了有需求的消费者，该推广方法就会立刻奏效。这就是广撒网，寻找精准消费者的方法。在宣传时，除了优惠信息和活动信息外，还可以将个人微信二维码、公众号二维码添加到宣传单上，消费者扫码就可以直接与你联系（如图 8-32 所示）。

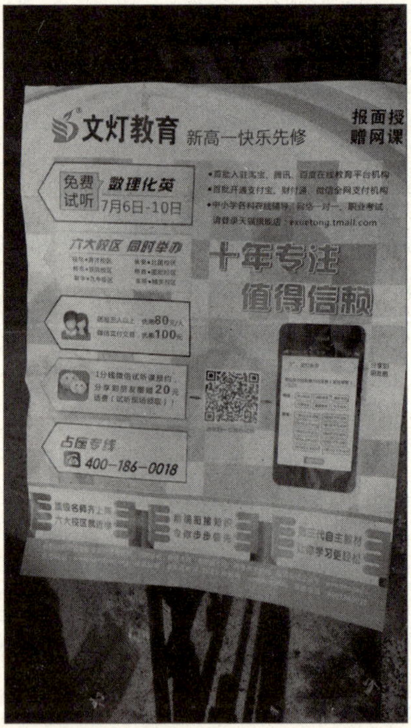

图 8-32 线下宣传单

微商在发放宣传单时，还可以将产品宣传单、优惠打折宣传单、会员卡等放到客户的快递包裹里，以此带动二次消费。当客户身边的好友需要该信息时，他们可以通过扫传单二维码直接关注你。

2. 发送实用传单

一张宣传传单，直接告诉消费者有优惠活动，他们根据自己的需求来判断要不要购买产品。无论购买与否，传单最终都不会留下来，也就是不能二次利用。为了能够让消费者一直保留你的信息，需要时可以达到二次宣传的目的，可以将传单做成实用的小册子，比如讲解美容知识、保健知识等。只要信息实用，消费者很愿意一直保留存档。即使他们目前不需要你的产品，当生活中遇到某些问题需要翻动小册子时，他们很有可能就会成为你的客户，或将小册子传递给需要的好友（如图 8-33 所示）。

图 8-33　产品宣传册

3. 少不了的创意设计

宣传单能不能吸引消费者的注意，还在于该传单是否好看、新颖、有创意。那么怎样才算有创意呢？比如：将你的传单里添加造型独特的二维码，诱惑消费者扫码；将你的传单与某些廉价的小礼品结合，达到使消费者收藏的目的；还可以在传单上印刷由产品组合而成的二维码，并抛出疑问，这样的二维码能扫吗……

创意是无限的，你可以根据自己的情况定制不一样的宣传单。如果想不出好玩的创意，还可以登录一些关于玩转创意的网站，来模仿国外成功的案例，以此达成创意上的新颖。

第 9 章

微平台：不能放过 QQ 营销工具

QQ 是目前用户最多的社交平台。在该平台上，不仅有 QQ 聊天工具，还有 QQ 群、QQ 邮件等功能。如果想要将营销覆盖得更广，那么一定不能错过 QQ 平台。你一定会说，QQ 营销在多年前已经出现了，那些营销方法我早就学会了。真的吗？有多少细节是你不知道的呢？错过了这些细节，营销将变得如同鸡肋。

9.1 QQ 好友营销方法

QQ 几乎是使用最为广泛和时间最长的社交工具，几乎每位上网的用户都有一个 QQ 号码，用来联系亲朋好友和结识陌生好友。当一位用户的 QQ 号内聚集了一定基数的用户后，就可以在该 QQ 号内进行营销了。

1. 添加好友

微商借助 QQ 号营销，首先要学会添加好友。但添加好友并非只是借助“查找”工具来添加，这样不仅浪费时间，而且添加数量有限。如果是做 QQ 营销，一般都借助添加好友的软件来操作，像 QQ 好友营销王、豪迪企业 QQ 添加器、神风 QQ 好友营销王等（如图 9-1 所示）。

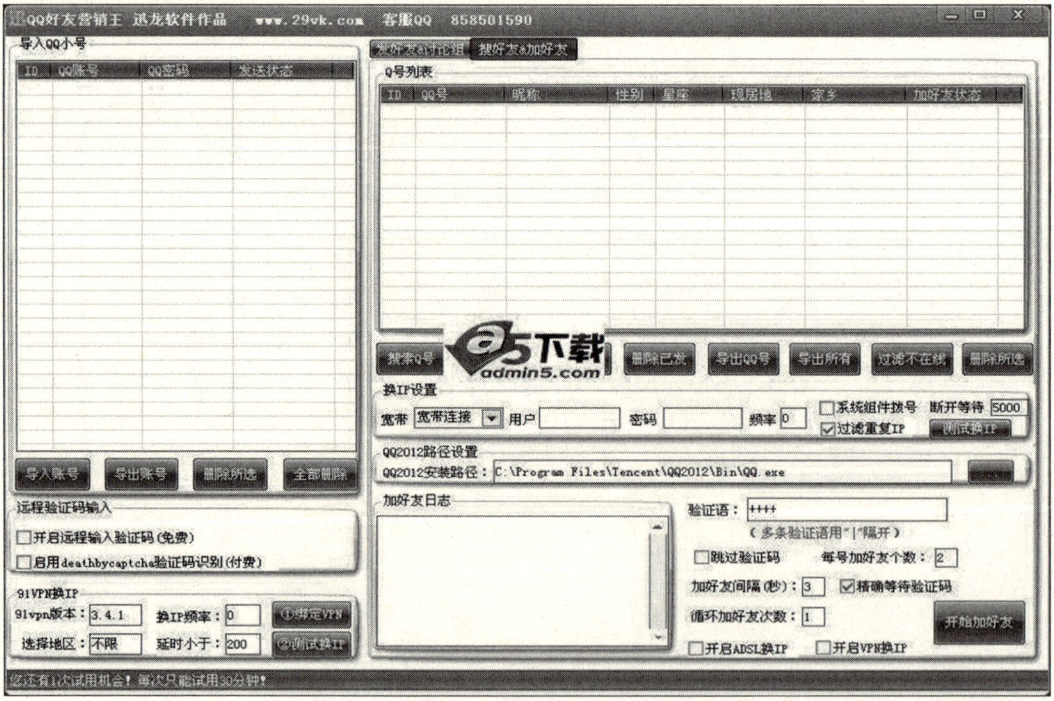

图 9-1 QQ 好友营销王软件界面

使用该软件后可以批量添加好友，一次性设置验证码。为了提高通过率，可以在验证时写上某某推荐、我是某某、想交朋友、群内好友等。一般通过率较高的还有一种方式，就是 QQ 号等级较高的，如果你想提高通过率，还可以从淘宝购买有一定等级的 QQ 号。当好友添加到一定基数时，就可以展开营销了。

2. 傻瓜式营销和好友式营销

在挂 QQ 号时，你一定收到过某位好友的群发信息，有时信息的最后会提示是使用群发软件发送的信息。发送该类信息的好友，大多数是陌生好友，他们不与人聊天，即使你与他们聊天，他们也未必会回复。面对这类垃圾信息你可能会问，这样的推广方法能成功吗？答案是肯定的。因为 QQ 好友有上千人，总会有几个人是对产品有需求的。不过，这种模式不能经常使用，第一，腾讯查营销号较为严格，推送信息过多会造成封号；第二，没有用户会喜欢一个整天发广告的 QQ 号，很有可能因为推广一次广告，造成大批用户删除你的号码。

将陌生好友转化为好友，是朋友圈和 QQ 营销通用的方法，都是先建立友情后再来营销的。这种方法一般需要较长的时间维护，让好友记得你并信任你，之后再推荐产品。只要不是每次聊天就推荐产品，即使他们不需要也不会反感（如图 9-2 所示）。

图 9-2　微商 QQ 聊天界面

在 QQ 好友内营销时，如果你与某些好友相处得非常不错，还可以通过给他们一些好处，让他们帮助推广，将你的广告信息转发到他们的 QQ 空间，增加你的曝光率。

9.2 QQ 群营销方法

QQ 用户数量已达到 8 亿之多，日活跃用户也已突破 5 亿。由于 QQ 和微信是属于同一家公司，在两个平台上的流量是共享的，所以通过 QQ 来引流是非常好的。为了提高引流的效果、效率，就不得不寻找用户聚集的地方。而在 QQ 上，许多用户已通过QQ群，建立了自己的圈子。如果微商打通这些圈子，那将产生巨大的能量。

9.2.1 创建一个 QQ 群

QQ 较微信出现的时间更长，所占人群比例更高。许多用户已在 QQ 上形成并建立了自己的圈子。他们习惯了借助 QQ 交流、工作、建立人际关系。为了更方便用户们交流，让腾讯平台更为活跃，腾讯开发了 QQ 群功能。由于微信群较为隐蔽，没有好友的邀请不能添加群，因此较为开放的 QQ 群更适合做营销。随着 QQ 群的不断升级，一个超级群可以容纳 2000 用户，所以，拥有属于自己的 QQ 群，是一个维护客户的好方法。

1. 创建 QQ 群的好处

首先，一个 QQ 群内群主是最权威的。当你建立好一个 QQ 群后，无论你在群内做什么样的推广，都不会有用户将你移除（如图 9-3 所示）。其次，将自己的好友、客户添加到一个群内后，可以通过维护 QQ 群，批量维护与他们之间的关系，你可以在群内一次聊天，回答所有用户的问题。最后，当有陌生用户想要了解某领域、产品时，就会主动添加你的 QQ 群，你就有了更精准的用户。

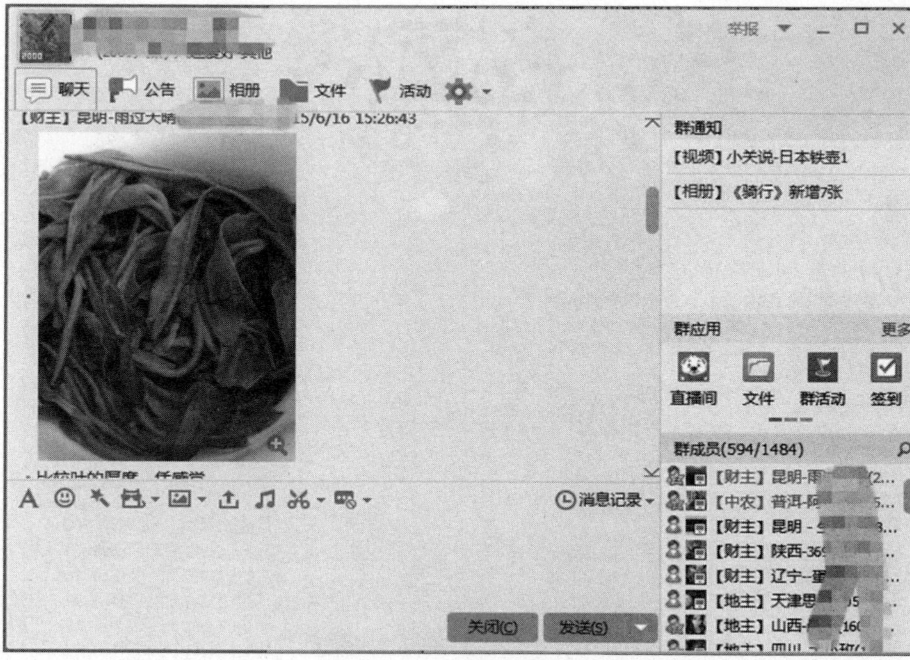

图 9-3 QQ群，群主营销页面

2. 创建自己的QQ群

每个QQ号码创建QQ群是有限制的。如果你想创建2000人或1000人的QQ群，需要给QQ群充会员或超级会员。这不仅会让你的QQ号提高添加好友的数量，还能增加创建QQ群的数量。创建的QQ群越多，做营销就越容易，越能有针对性地做营销。

（1）**创建某领域营销群**。做微信公众号时，需要将自己打造成某领域的明星，这样才能吸引粉丝们的关注。创建QQ群，也需要借助某领域来吸引用户们的添加。当有用户添加你的QQ群，就相当于增加了一个精准客户。比如：你做面膜生意，可以起一个与美容专业相关的群名称，当用户有肌肤问题需要处理时，就会搜索该关键词来添加适合自己的群；如果你是做与培训有关的“产品”，可以创建该领域的群（如图9-4所示）；如果你销售育婴产品，可以创建准妈妈培训类的群……

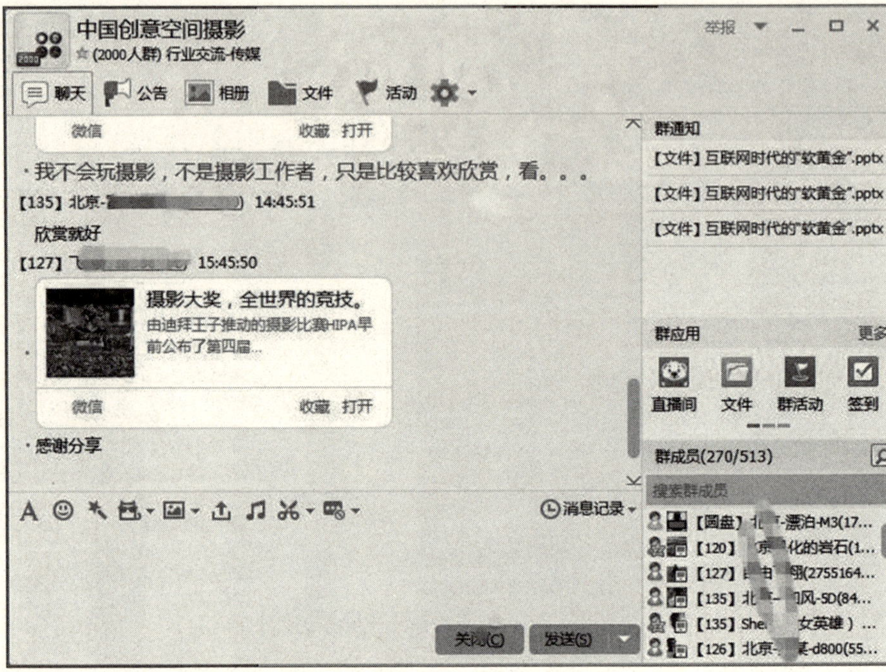

图 9-4 摄影领域QQ群页面

（2）**创建客户资源群**。有些用户已经购买过产品，甚至多次购买产品了，有些还没买过。针对老客户和从未购买过产品的用户，销售的价格肯定会不一样。如果你有该需求，可以将新老客户分开，在销售产品时，不同的客户群体，享受不一样的优惠和活动，这样才能有针对性地销售。比如 ××VIP 客户群、×× 会员群、×× 优惠群等。

（3）**创建密友群**。不少 QQ 好友添加后，你未必会有时间与每位好友都建立关系。为此，你可以将QQ内的陌生好友组合到一个QQ群里，创建一个聊天、交友群。当群内的好友拿你当朋友，建立了一定的信任关系时，可以将他添加到营销类的QQ群里，很容易就能展开营销了（如图 9-5 所示）。

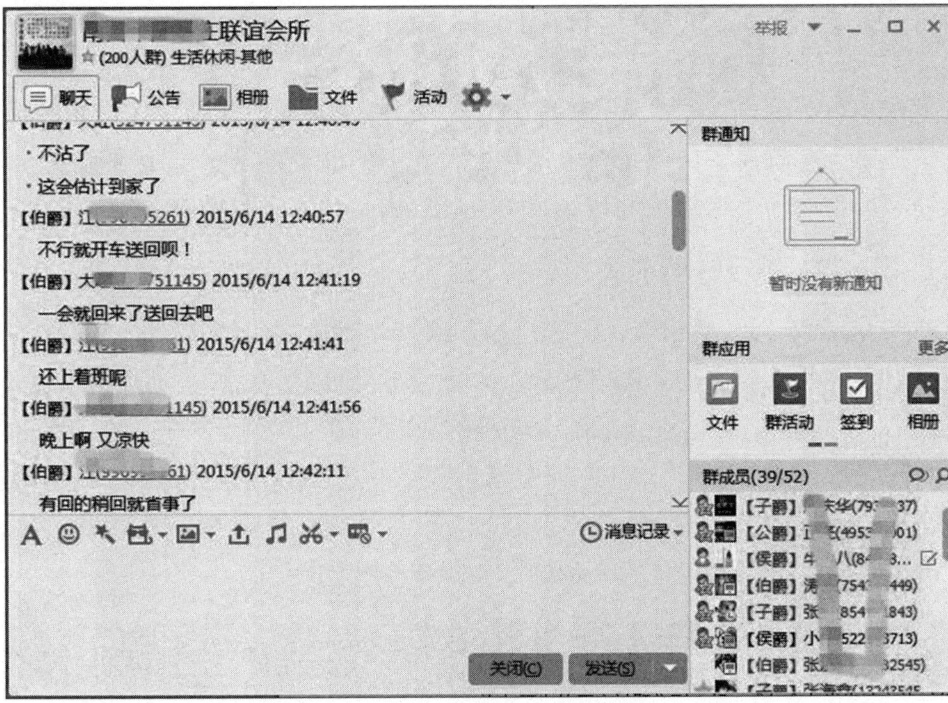

图 9-5 QQ 日常聊天群页面

（4）**创建代理商群**。微商想要将生意做大，招代理是必须要走的一条营销之路。为了能够与代理商建立良好的沟通，你需要将你的团队组合到一起，这样很容易使每个人的想法及时表达出来，如果某位代理商遇到了问题，也能及时解决。

许多陌生的用户被聚集到一起，难免会有发生冲突的时候，如果此时你恰恰不在线，无法及时进行劝解，就需要为了避免这类问题的发生多做一些准备。比如：将有管理头脑或你较为信任的朋友升级为管理员，他们会帮你处理这些问题；通过赠送礼物，让管理员对产品的价格、功能、使用技巧等进行了解，当客户有问题时，管理员可以帮助你解答。

9.2.2 添加 QQ 群

创建自己的 QQ 群，大多是为了方便客户管理、促进日常销售。但如果想要将生意做得更大，就需要认识更多用户，加入更多的圈子，只靠自己创建群，等用户主动添加是远远不够的。这时，必须主动出击，添加别人的 QQ 群。

1. 添加腾讯推荐的 QQ 群

有些 QQ 群看似人数很多，但未必是活跃度很高的 QQ 群，这类 QQ 群添加进去之后，除了傻瓜式的群发广告信息外，并不能建立良好的情感关系。为了在 QQ 群内找到需求准客户，可以进入活跃度较高的 QQ 群。但哪些 QQ 群是活跃度高的呢？自然是腾讯推荐的 QQ 群。比如：在电脑上登录 QQ 时，点击“查找”菜单，能看到腾讯根据你已加入的 QQ 群，为你推荐的与你圈子接近的 QQ 群。这样添加的 QQ 群，既精准又活跃，是微商宣传的必备群（如图 9-6 所示）。

图 9-6 QQ“查找”菜单找群页面

如果你的产品适合本地销售，或你想针对附近的用户进行宣传，可以通过手机 QQ 来查找到本地群。登录手机 QQ 后，在“动态”板块内点击“附近的群”菜单，腾讯立即帮你查找到附近的群，包括小区、街道、附近小区等个人用户创建的群都可以被搜索到。除此之外，你还可以根据自己的喜好选择交友、生活、玩乐、行业等分类，点击适合的分类后，也能搜索出身边的群，并有提示告诉你与你所在的位置有多远（如图 9-7 所示）。

图 9-7　“附近的群”运动分类界面

2. 根据关键词查找群

别的用户根据关键词可以搜索到你的 QQ 群，你也可以根据关键词去搜索别的 QQ 群。如果是寻找精准的客户源，可以根据你所销售的产品领域来搜索。比如：你销售保健品，可以查找带有老年、保健、养生等关键词的 QQ 群（如图 9-8 所示）。

图 9-8 搜索“保健”类 QQ 群页面

除此之外，还可以根据你销售的产品品牌、兴趣爱好、年龄层次等有选择地进行查找，这都能帮助你寻找到精准客户。

添加 QQ 群时，如果是手工添加，一定要添加到一定数量时再来做营销，不能一边添加一边查找适合的 QQ 群。因为你是做微商营销的，无论硬性推广还是软营销，一旦被群主发现，很可能将你移除 QQ 群。当被移除的次数过多，再次添加 QQ 群时，就会出现“该用户近期多次被其他群举报或清理”的提示，从而导致群主拒绝你的加入。

9.2.3 QQ 群内宣传技巧

无论创建 QQ 群还是添加 QQ 群，最终的目的都是营销。但要借助 QQ 群营销成功，则需要对 QQ 群的营销有一定的了解，有了技巧，会让营销事半功倍。

1. 个人创建 QQ 群营销

个人创建的 QQ 群，大多是已经有联系的好友。由于你是群主，大家想留在群里，就不会介意你发广告、做宣传。不过，想要推送的广告引起群友们的兴趣，或者提高购买率，就必须前期做好营销。

（1）**专业领域群营销**。用户愿意主动添加到你的 QQ 群内，是因为你的 QQ 群有他们想要的东西，像知识、思想、经历等。如果你不能满足他们的需求，他们就不会长久地待在群内。为此，你必须像营销微信公众号那样，对他们展开内容营销。比如：定期开课举办讲座，将你的工作经验告诉他们，分享你对于产品的使用心得和技巧等。

比如，“茶叶地理”是一个微信公众平台。该平台以洞悉茶叶市场真相为主，吸引了大批茶爱好者和茶商。为了让平台上的粉丝能够共同了解茶叶，又开通了 QQ 群，以方便茶爱好者和茶商建立联系，同时销售自己的产品（如图 9-9 所示）。

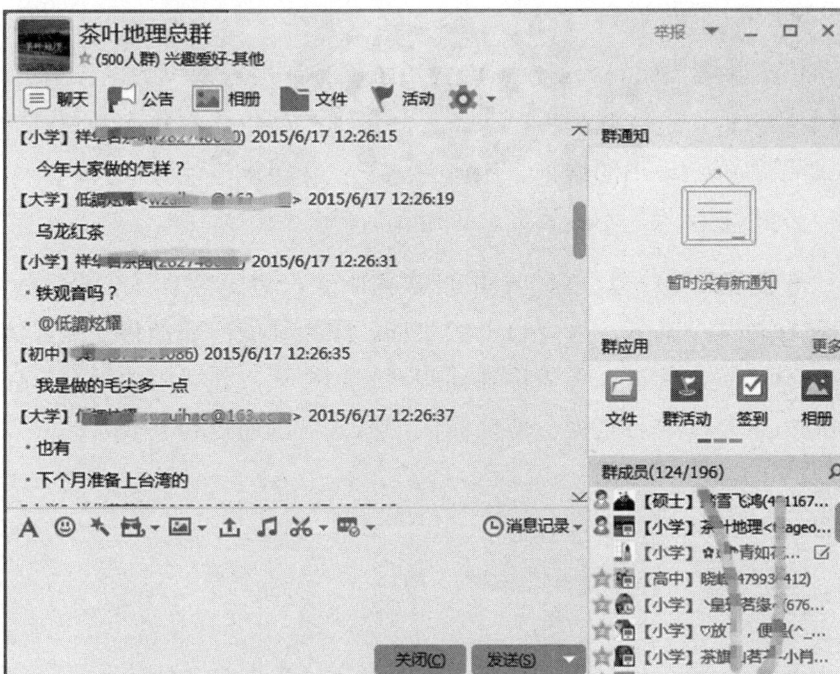

图 9-9　茶叶地理 QQ 群

该商家通过内容营销将该领域的人聚集到一起，通过在群内茶商与茶爱好者的交流，让茶爱好者更懂茶，为他们解决与茶相关的实际问题。有了这些经验的分享以后，许多用户是很愿意活跃在群里的。当爱好者们对某领域有了一定的了解，你再做新品推荐、打折优惠活动时，他们更懂得如何辨别真假和知识的深浅，从而更加信任你，更愿意购买你的产品。

（2）**客户资源群营销**。客户资源群里的用户，大多是已购买过产品的用户，对产品有了足够的了解和信任，为此，他们更关心产品是否打折、优惠。为了不让群内显得冷清，可以多与他们交流产品使用心得和使用产品时一些好玩的事，并送给他们小礼物做奖励。这样，你不仅在公众平台上做宣传时有了新的内容，还能活跃群内的气氛。有活动推广，才能保证有足够的人气参与。

营销一个 QQ 群时最怕出现两种问题：一种是死群；另一种是广告太多，群无价值。这两种情况会导致用户们要么屏蔽群，要么退群。无论哪种情况，在推出活动时，宣传的力度都会受限，从而使宣传达不到应有的效果。

2. 添加的 QQ 群营销

添加的 QQ 群不是你的领地，在做营销时必须要做得够“软”。因为一不小心就会被群主移出群，这样就丧失了一个好的领地。所以，在别人的 QQ 群内做营销时，首先要了解群主设下的规则。比如有的群主会要求不能打广告，一个月内不在群内聊天则会被移除，不能骂人、说脏话、吵架等。

（1）**普通聊天 QQ 群**。在普通的 QQ 群内聊天，最简单的办法就是融入他们，与他们一起探讨某个话题，发表自己的意见。因为你做产品销售，加入的 QQ 群大多与你的产品相关，你可以凭借你独到的理解和知识，让群内的用户信任你，并添加你为个人好友。只要获得了他们信任，你就可以通过私下聊天的方式，将他们转化成为你的客户（如图 9-10 所示）。

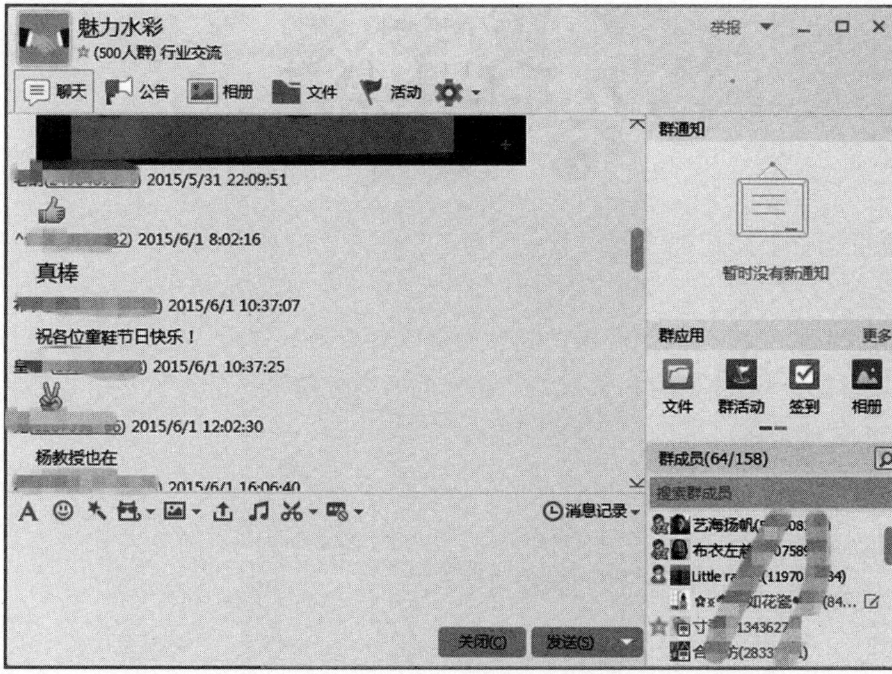

图 9-10 普通QQ群内聊天界面

（2）**产品QQ群营销**。如果你添加代购、代理、淘宝刷钻群，可能在群内看到不少广告信息。这些群有些是没有什么意义的，主要是像傻瓜一样推送广告信息，大多没几位用户出来聊天，所以你不用像营销普通群那样在群内培养关系。做这类群营销时，最好的办法就是看到有类似的产品推送出来时，找销售商私聊。私聊时，询问他关于销售产品的问题，以及产品上家的问题，如果他怨声连连，你可以将你的优势讲出来，把他转化为自己的代理商；如果他产品销售做得不错，你也可以将产品推广给他，让他帮助销售或从他那里获取销售经验。

当然，也可以借助软件进行傻瓜式的营销，针对已添加的QQ群，通过QQ群发器来发布广告。虽然这样做不能保证每个群都有用户转化为客户，但由于每天面对几十万用户，按照大数法则，也会有几十、几百用户前来询问和购买的。

9.3 QQ 空间营销方法

QQ 空间在前两年被代购搞得乌烟瘴气。好友们只要看到代购广告，大多数是直接屏蔽该好友的信息。随着 QQ 空间的“净化”，微商悄悄地进入了这片净土。不过，因为之前 QQ 空间的污染，现在的微商想要做好营销，必须要让用户们看到的推广信息是“洁净”的。那么，什么样的内容才算洁净的呢？这就需要为用户提供有价值的内容。

9.3.1 QQ 空间基本设置

决定借助 QQ 空间来做营销，就需要把 QQ 空间好好打理一下。不然好友们点击查看 QQ 空间时，会因为过于“简陋”而觉得这是一个小号，小号是没有信任感的。所谓细节决定成败，做不好这些细节，QQ 空间营销之路，也注定不会走得太远。

1. QQ 昵称

QQ 昵称是给好友们的第一印象，是决定用户们会不会主动添加你的关键。到底给 QQ 起一个什么样昵称，取决于你打算用何种方式来做营销。

（1）**自明星、自媒体**。如果你的营销方式选择的是自明星、自媒体，那么在给自己起名字的时候，就必须和打造出来的官方品牌名字是统一的。当平台上的粉丝们对你有兴趣时，他们就会主动添加你，并关注你推送的信息（如图 9-11 所示）。

图 9-11 官方 QQ 空间页面

（2）**普通微商**。做微商，大多是从个人开始做起的，然后借助自己的平台来营销。如果你刚刚开始做微商，可以继续使用原来的名字，等营销有了一定的成绩之后再改昵称。不然好友在浏览信息时会因为你换了陌生名字而直接屏蔽你的信息。

（3）**微代理商**。如果你决定通过招代理的方式来做营销，就要将名称改为与品牌、产品、招代理有关的昵称。这样能第一时间筛选出不必要的人群，直接找到目标群体。你不用怕普通好友屏蔽你的信息，你只需要向那些对做微商有兴趣的好友们传递信息就可以了。

2. QQ 空间头像

QQ 空间的头像可以与 QQ 头像是分开的，不过，两者之间最好能够统一起来，这样方便好友根据头像来查找你的 QQ。在设置 QQ 空间头像时，可以根据所起的昵称来设置。比如：你是自媒体、自明星、微商招代理类的账号，可以将品牌图片、LOGO 等设置成头像；如果你是普通的微商，可以随心所欲地根据性格和喜好更换头像。

3. 性别和地理位置

除自媒体、自明星需要设置真实的性别外，其他类营销账号最好将性别设置为女性。因为心理学的相关研究发现，异性相吸，男性更愿意从女性手中购买产品。而销售护肤品、服装、鞋包等产品时，女人的建议会更管用。

在设置地理位置时，最好设置为发货地。因为不少微商是上家发货，如果发货后，客户发现你的发货地理位置与你所在的地理位置不一样，就会明白你是没有货源的，从而怀疑产品的价格是否水分太大。

4. QQ 空间装扮

不少微商做营销时，会注册新 QQ 号或从淘宝购买有一定等级的 QQ 号。无论选择哪种 QQ 号，必须要对 QQ 空间的装扮进行设置，不然就会显得不专业，从而让好友们失去信任感。

对于自媒体、自明星而言，在装扮 QQ 空间时，有必要购买黄钻，将团队、人物照片、品牌产品照片等上传。这样不仅能让好友觉得你更专业，还能帮助自己的团队做宣传，是一举两得的好方法。比如，色摄社自由婚纱摄影在做 QQ 空间营销时，就将公司出品的照片和与明星合作过的照片放到了 QQ 空间内。当好友们想要拍摄婚纱摄影时，看到给明星拍摄过婚纱摄影的公司就会增加信任感，从而根据经济情况选择更加有品质的公司（如图 9-12 所示）。

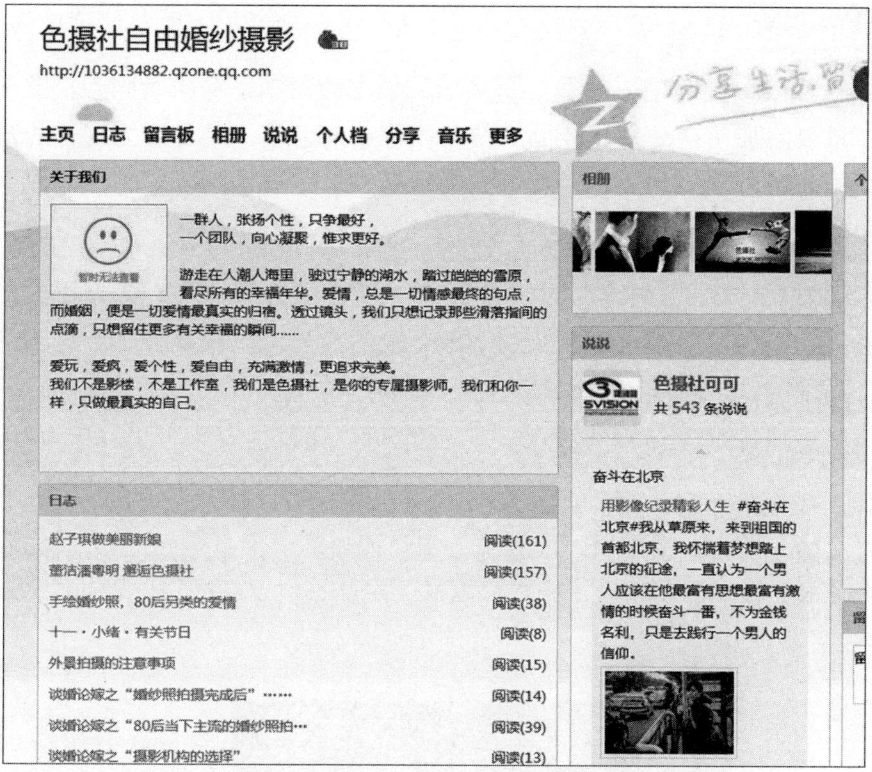

图 9-12 色摄社自由婚纱摄影 QQ 空间页面

在设置主页时，有必要将相册、留言板、个人档、音乐、时光轴等进行完善，并让页面看起来更简洁大方。当好友想要寻找某个板块，可以一眼找到。像色摄社 QQ 空间的页面就一目了然，好友们想要查看哪个板块的信息，可以在主页轻松完成。

9.3.2 QQ 空间营销技巧与注意事项

QQ 空间的基本设置是给好友的第一印象和辨别其他好友的方式，当他们刷空间时，可以根据你的设置而记住你。不过，想要在 QQ 空间做好营销，只是做一些页面改动是远远不够的，最重要的还是能够为用户们提供什么样的内容，以及避免走入误区，导致好友们不信任你。

1. 内容营销

内容是营销中经常使用，看似简单却又最难的营销。简单是因为，随便写上两句话，只要附加了产品信息或品牌信息内容就能营销；难是因为这样的营销方式真的能提高销量吗？为此，内容营销必须要了解好友们的真实想法，根据他们的喜好和需求来做推广。

（1）**微信公众平台内容**。无论在 QQ 空间平台，还是在微信公众平台，如果你写出的内容吸引了大部分粉丝，两个平台上的内容可以相互分享。这不仅让你的形象、品牌统一，还能通过高转发率，增加点击免费引流。如果你没有微信公众平台，只想通过 QQ 空间来做微商，那么也可以通过内容来吸引目标人群。

比如，在 QQ 空间有一个叫作“情感说说”的账号，该账号通过转发、写原创与情感有关的文字得到了用户们的喜爱。用户们纷纷关注该空间，每当该 QQ 空间有内容推送的时候，就会引起用户们的转载。因此，该平台的访客有 5000 多万（如图 9-13 所示）。

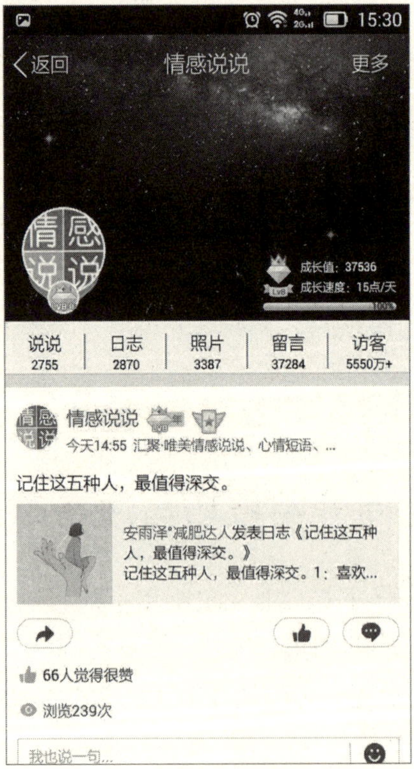

图 9-13 “情感说说”QQ 空间主界面

（2）**说说内容**。QQ 说说是一个随心所欲表达自己的地方。无论是晒生活细节还是抒发自己的情感，都能吸引用户们的兴趣，因为他们喜欢逛 QQ 空间，大多是为了查看别人的生活并给予评论。微商在做营销时，需要满足用户们的心理，让他们觉得窥探了你的隐私。比如：许多美女化妆后变得非常漂亮，许多用户会对该美女的素颜照感兴趣。如果该美女满足用户们的需求，将自己卸妆后的照片晒出来，他们就能大大地得到满足。如果该美女的素颜照肌肤非常好，可以在晒素颜的同时告诉他们，使用了该护肤品才使肌肤更靓丽；如果素颜照上肌肤显得不好，可以告诉用户们，一个女人化妆是多么重要；如果是卸妆水，则会让好友们见证卸妆效果（如图 9-14 所示）。

图 9-14 QQ 空间晒图片营销页面

说说除了可以上传对比内容外，还可以将你的日常生活晒出来。在发日常说说的时候，将产品照片晒出来也会起到不错的营销效果。

2. 评论营销

想要查看一条微博的评论，需要点击“评论”然后一一查看；想要某条微信的评论，难度较大。但如果想要查看 QQ 空间评论则较为直观，它省去了微博的烦琐和微信的隐秘性，用户在刷 QQ 空间时会连带看评论信息。这样的评论不仅你能看到，该 QQ 账号内的好友也可以看到，这相当于借助他人平台为自己做了宣传（如图 9-15 所示）。

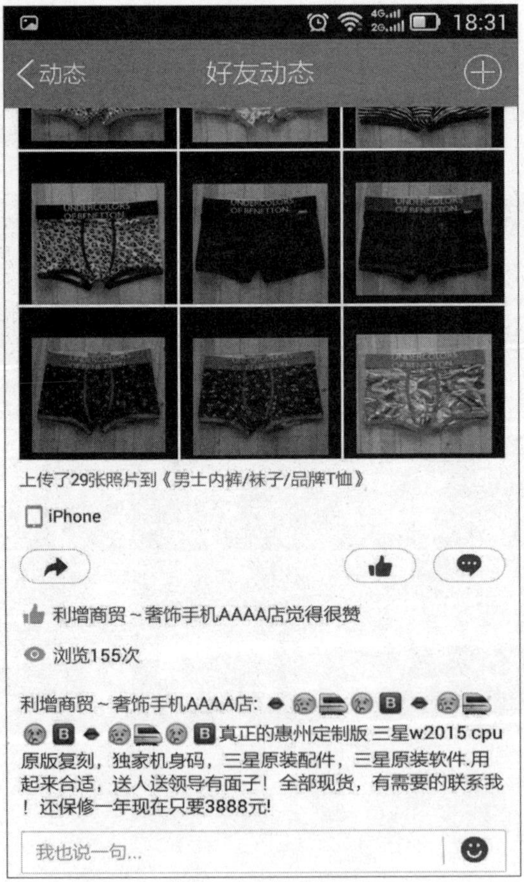

图 9-15 QQ 空间评论营销界面

不仅如此，给用户点赞也能让你提高曝光率。由于是他人平台，该用户的好友只会看到你的信息，而无法删除你，所以你可以将广告打得更直接一些。不过为了避免你的QQ好友删除你，最好使用小号来做推广。

3. QQ营销注意事项

首先，用户喜欢更有趣好玩的内容。做内容营销，尽量减少直接复制较火的心灵鸡汤，因为大多数段子已被微博、QQ空间、微信等传遍，你再传播一次就会让用户们觉得索然无味。所以你最好能够拿出新的内容来，或者通过他人的心灵鸡汤提炼出自己的感悟。其次，在给QQ空间设置时，一定要将权限设置改为“所有人”。只有高点击率才有机会被更多用户看到。最后，营销QQ空间，一定要长期坚持下去。如果不能坚持推送信息，用户们很快就会忘记你、忘记你的品牌产品。

做QQ空间营销成本低、回报高，使用软件加满一个QQ用不了太长的时间，所以只要借助小号坚持做，就会感觉到日积月累的力量。

9.4 QQ邮件营销方法

微商借助QQ营销大多使用小号、营销号。这类QQ号如果举报过多，或因为营销而被腾讯查处，很可能导致封号。为了让每个小号发挥全部的优势，一定不能错过传达率100%的邮件营销。

9.4.1 QQ邮件的使用方法

对于普通QQ用户而言，如果不是工作需要，一般极少会用到QQ邮件功能。但网站、商家越来越精明，在注册信息时必须通过邮箱验证才能完成注册，从而让用户们被动使用邮箱。注册信息完成后，商家、网站有活动或新闻推出时，会借助邮件来推广平台的活动。这大大提高了QQ邮件的使用率，不少用户需要定时查看并清理垃圾邮件。

QQ 号大多与手机绑定，即使用户不在电脑前，也能通过手机提醒他有邮件信息需要查收。由于你是他的 QQ 好友，该信息不会被定义为垃圾信息，传达率达到了 100%。这样的推广效果，是其他营销无法做到的。

1. 开通 QQ 邮件

做 QQ 营销时，需要申请不少 QQ 小号，或去淘宝购买有一定等级的 QQ 号。无论选择哪种方式，一定要查看该 QQ 号有没有开通 QQ 邮箱。目前，腾讯新申请的 QQ 号，是需要手动开通 QQ 邮箱的。

（1）在 QQ 号主界面，点击“QQ 邮件”功能，进入 QQ 邮箱开通页面，在这个页面勾选“同意《QQ 邮箱服务条款》”并点击“立即开通”（如图 9-16 所示）。

图 9-16 QQ 邮箱开通页面

（2）点击“立即开通”后，页面进入“通知 QQ 好友”的功能选择上，只有通知好友才能完成注册。不过，为了减少垃圾信息，一定不能选择 QQ 上的好友，最好的办法是添加自己的 QQ 号码，并完成注册（如图 9-17 所示）。

（3）通知完好友后，就可以进入 QQ 邮件内，对 QQ 内的好友发送邮件了。

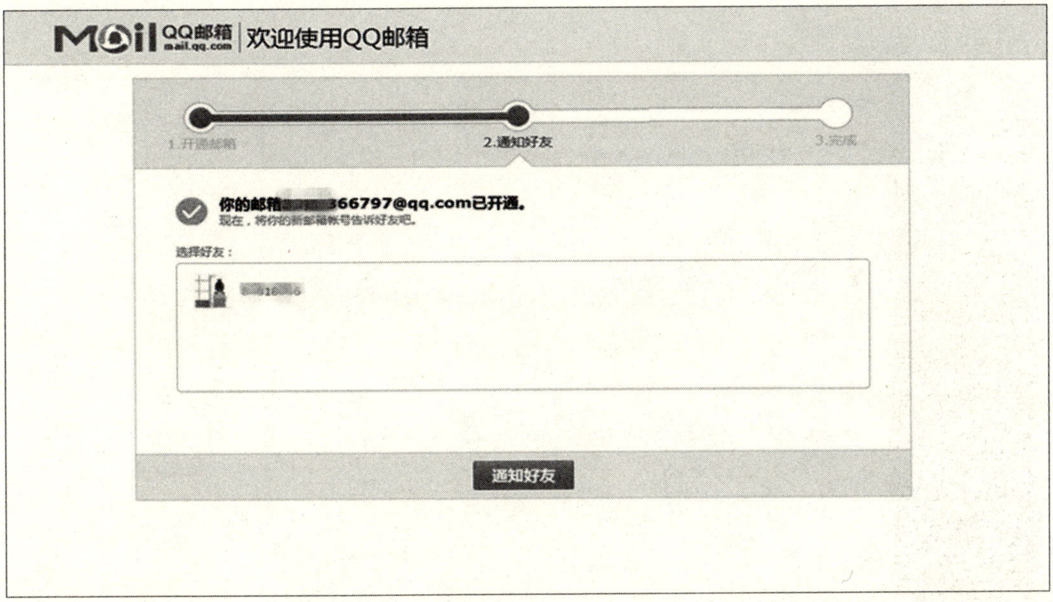

图 9-17 QQ 邮箱通知好友页面

2. QQ 邮件的使用

点击进入 QQ 邮件的主页面，可以看到 QQ 邮箱的提醒信息，比如收件箱、群邮件、QQ 邮件订阅、邮件归档、阅读空间等。除此之外，还有一些经常使用的草稿箱、贺卡、明信片、记事本等功能（如图 9-18 所示）。

（1）**写信**。只要发送信息，就需要“写信”功能。不过，并不是所有的用户，都会发送邮件，尤其是借助 QQ 邮件做微商的商家。这时因为，许多微商在发送邮件时忽略了一个重要的信息，就是“分别发送”。在写完邮件选择发送成员时，不少微商直接从分组内批量选择好友，一次性发送。这样虽然便捷，节省时间，却失去了私密性。因为接收邮件的好友，可以查看到所有接收到该邮件的用户，不仅暴露了每位好友的隐私，还会让好友看出你是群发邮件，从而觉得不受重视。为此，在写完邮件后，一定要选择“分别发送”这个菜单，让每位好友觉得自己被重视，好像该优惠活动是针对他一个人的（如图 9-19 所示）。

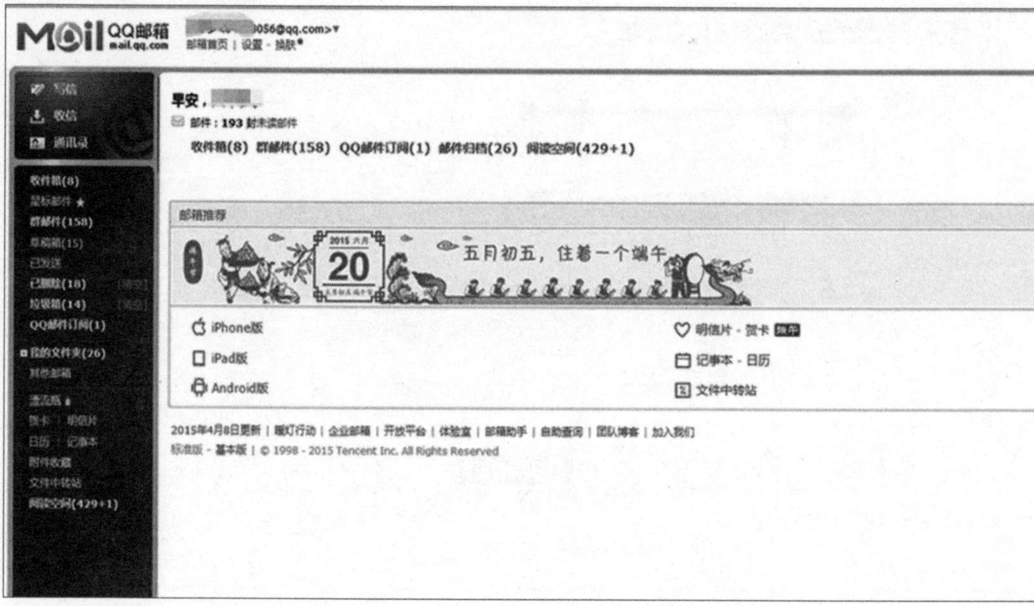

图 9-18 QQ 邮件主页面

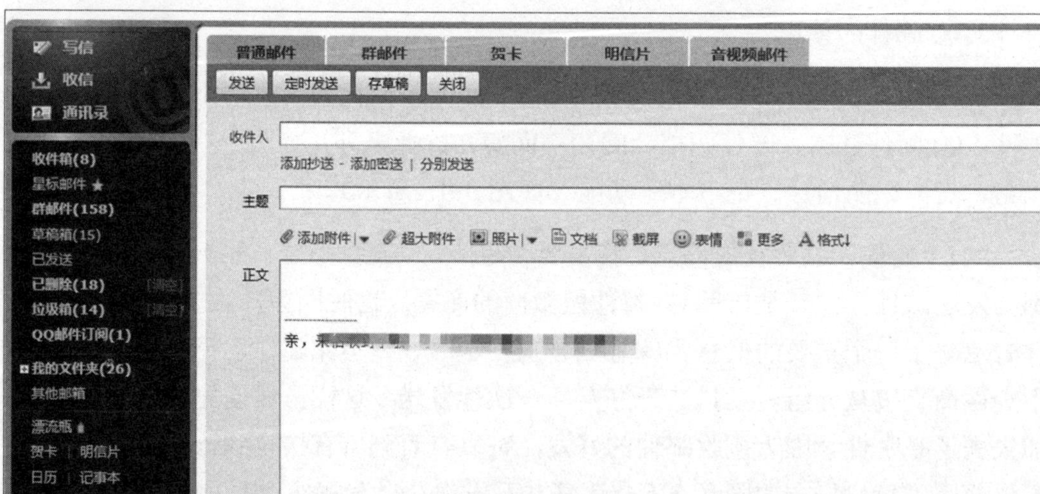

图 9-19 QQ 邮件写信页面

在写信功能中，还可以选择发送群邮件、贺卡、明信片、音视频邮件。你可以根据自己的需求来选择适当的发送内容。

（2）**QQ邮件设置**。为了提高辨识度，还可以对QQ邮件进行个性化设置。在设置功能中，可以自定义字体、天气、自动回复等常规设置，同时也可以设置账户信息、收信规则、反垃圾、我的订阅等其他功能（如图9-20所示）。

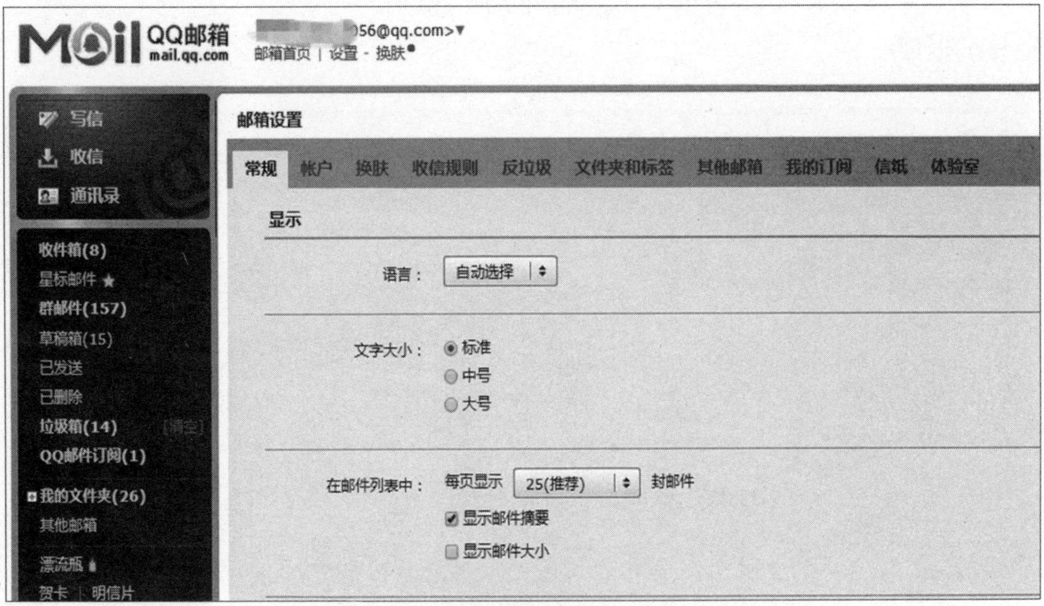

图9-20 QQ邮箱设置页面

在QQ邮箱内，还有非常好玩的漂流瓶、贺卡功能。在节日时，你可以借助贺卡表达节日的问候。也可以开通漂流瓶，增加认识新用户的机会。

9.4.2 QQ邮件推广技巧

QQ邮件营销具有精准、快捷、到达率100%的优点。但因为在QQ营销中做足了广告，导致QQ好友非常反感，当借助QQ邮件做推广时，好友就会举报你为垃圾、广告邮件，轻则降低到达率，重则被腾讯封号。所以，QQ邮件营销并不只是发发广告信息那么简单。

1. 借助节日营销

QQ邮件营销，即使效果再好也不可以经常使用，因为每天给好友发送邮件好友会非常反感的，你可以每个月使用一次。在节假日、好友生日这些特殊的日子里，借助 QQ 贺卡送上你亲手写下的祝福，在表达节日问候的同时，将营销插入问候的话题中。比如：在端午节，你送去节日贺卡，在填写贺词时提醒她要注意保养肌肤，好友看到后就会觉得心里暖暖的（如图 9-21 所示）。如果你想营销来得更直接，可以写：×× 品牌祝您……只要是真诚的手写祝福，即使是广告信息好友也不会轻易举报你。

图 9-21 QQ 贺卡邮件页面

2. QQ 邮件订阅营销

QQ 邮件订阅相当于一个 QQ 邮件里的“微信公众号”。在这个功能里，用户可以随心所欲订阅自己喜欢的邮件，像漂亮女人街拍大搜集、每天进步一点点、悦读人生等。如果你也想通过这种方法来营销，可以在 QQ 邮件“设置”里找到“我的订阅”菜单，并点击“发布栏目”的菜单（如图 9-22 所示）。

图 9-22 QQ 邮件订阅主页面

申请 QQ 邮件订阅时，可以根据产品所在的领域来申请相应的板块。比如：你是做美肤产品的微商，女性板块是最好的选择；如果你是自明星、自媒体，可以加入明星博客或与产品相关的板块。在 QQ 邮件订阅内容推广中，可以共享微信公众平台上的内容或自己写原创内容。

QQ 订阅面向开通 QQ 邮箱的所有用户，只要你的内容做得足够精彩，海量资源就可以轻松拥有。为了保证 QQ 订阅做得更有水准，在申请自己的订阅之前，可以多研究同类的订阅，并找到属于自己的特色。比如：同样是美容产品，别的订阅注重教学，你可以从保养入手，传达保养的重要性；如果同是某领域专家，别人从现实入手分析，你可以从人性角度来分析……总之，只要找到了与其他平台的差异性，总能通过特色吸引到属于你的用户。

9.4.3 QQ群邮件推广技巧

一个超级QQ群可以容纳2000用户，最小的普通QQ群可以容纳500用户。试想，如果你添加了上百个QQ群，即使是500用户的小群，也可以拥有5万用户。如果你用QQ号来营销，面对的市场将是非常大的。

1. 文件营销

发QQ群邮件和在QQ群内做推广一样，都不能直接发广告。因为群主发现你用QQ邮件骚扰群用户时，依然会移除你。在做营销时为了避免失去资源，可以借助文件来营销。当你将某个珍贵的文件上传，可以提前将广告信息夹杂在文件中，群内用户下载文件时，就会不得不看你的广告信息。比如：在QQ群内免费发送精英培训课程（如图9-23所示），免费将电子书、PDF版的美容书在群邮件内发送，将生活小窍门发送给QQ群内用户……

图9-23 QQ群邮件“群文件”分享页面

在分享这些文件时，群用户是很感激的。并且每一次有群成员回复该群文件，手机或计算机就会提醒用户一次，为你带来二次、三次营销。如果你经常在群内发送实用的文件，还会有群用户主动添加你。由于他是“求”你给他甜头，所以你们很容易搞好关系，营销做起来就更容易。

2. 赠送群主礼品，软硬兼施

对于用户较多，较活跃的QQ群，一定要在群内多露脸。当你逐渐被用户认识、接受和喜爱，可以私聊群主询问打广告的事，如果群主不允许，可以通过赠送小礼品的方法让他“妥协”。之后你不仅可以在群内打广告，还可以在QQ群邮件发送内容较长的广告信息（如图9-24所示）。

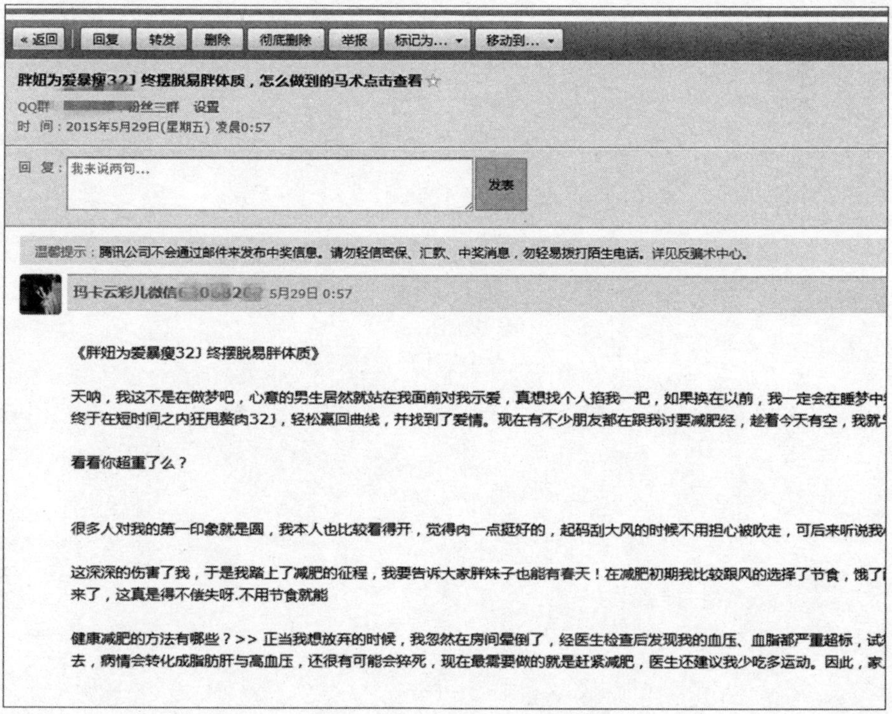

图9-24 微商借助他人QQ群邮件营销页面

3. 共享QQ群信息

如果你的QQ群号是营销号，一定会有其他的微商偷偷潜伏在你的QQ群。这时你不能着急清理他，要先与他谈判潜入他创建的QQ群，这样你就相当于多了另外一个精准的领地。当然，因为你们拥有各自的领地和客户群体，为了保持群内风格的一致不能直接在群内推送信息，这时，可以借助QQ邮件，以文件共分享的形式做到软营销。

除了文件外，还可以将视频、图片等上传到QQ群邮件与群用户们分享。上传的视频、图片并不一定是自己拍摄的，可以是曾经感动你、带给你欢乐的视频，然后在视频上添加上微信号或二维码。这样的营销方式群用户不仅不会讨厌，还会很喜欢。

第 10 章

微案例：看别人的案例，做自己的微商

打开计算机、手机，会看到各种各样的热门话题、新闻。做久了微商，写久了文案就能发现，那些信息不过是一种包装好的营销方法。如今，宣传的花样越来越多，到底什么样的内容才能吸引用户们的眼球呢？在本章里，讲述了这些花样繁多的案例。通过案例讲解，能够真正地了解为什么有些用户喜欢某些平台，为什么有些营销能够成功。

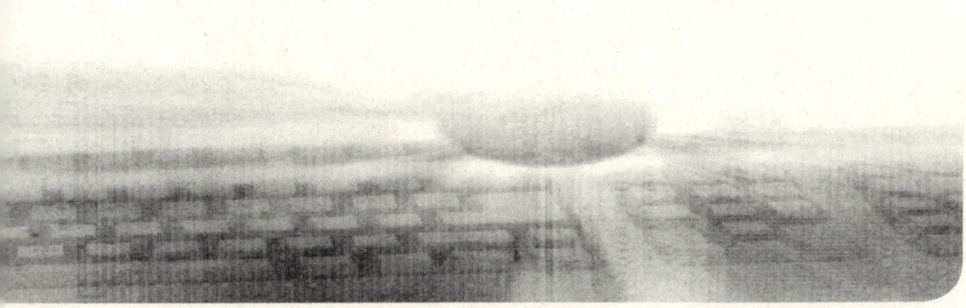

10.1 钢丝营销，提升名气先学会宣传自己

没有哪个明星不重视自己的形象，没有哪个微商品不注重自己的口碑。有了良好的口碑，产品的名气自然就得到了提升。在移动互联网上，一个产品、自明星的名气，离不开粉丝的传播，同时也离不开好的营销策略。

1. 提升名气，提高个人认知度

一个人在某个领域有了一定的权威后，该领域的人就会信服他、追随他。做微商也需要提高自己的名气，培养自己的钢丝，这就必须与该领域的人群发展关系，关系的发展变化，决定了他们能否相信你。

简小妞是义乌人，她托在马来西亚的朋友买了些燕窝，并把亲手炖好的燕窝拍成照片，上传到朋友圈、QQ 空间等，结果引来众多友人的点赞和请品尝。由于她炖的燕窝味道不错，她很快成为了一个海外代购燕窝的“微商”。不过，朋友买回燕窝后并不会炖，她又将业务拓展到了“私家厨房”。这样一传十、十传百，她的朋友越来越多，每天有数十位朋友下单。

简小妞在义乌是美女会的秘书长（义乌一个由白富美组成的社会组织），可以接触到老板娘、阔太太、富二代等，很快她就收获了 200 位忠实的 VIP 客户，并开设了线下体验店。为了扩大实体店的规模和提升自己的人气，她参加了义乌黑马会的首届互联网创业黑马路演赛，成功融资 500 万并成为一位非常有名气的微商（如图 10-1 所示）。

图 10-1 简小妞微信公众号“历史消息”界面

不少微商喜欢主打产品，而弱化自己。比如：在刷朋友圈时，满屏的广告信息强化品牌，却从不提及自己。个人微商大多是代理厂家的品牌，你在代理的同时，别人也在代理，一个朋友圈很可能同时出现两位好友，甚至三位好友代理该品牌。你如何能从中脱颖而出呢？这就需要强化自己，用自己的手艺、独到的见解等来吸引好友。还有，你必须和简小妞一样寻找更大的机会，学会借助更大的平台来宣传自己。

2. 提升产品名气，让用户第一时间想到你

如果你是厂家，一定希望提高产品品牌的名气，名气越大，产品的销量就越有力。所以许多微商借助招代理的模式，让代理商将同样内容、图片、文案的信息批量发出，这就是在刷朋友圈时看到的大同小异的广告信息。

韩束，2002 年成立于上海，即上海韩束化妆品有限公司，同年创建韩束品牌。韩束进入微商领域似乎是一夜之间。用户的朋友圈内如果没有韩束的代理商，都会感觉自己的圈子不够大。不过，细心观察就会发现，代理商们在朋友圈推送的内容、广告图片是一样的，总是在反复强调韩束品牌。许多微商按照上家传授的方法，将硬性的广告植入自己的微信朋友圈内，像一部“机器”一样，反复传递着来自商家的信息内容（如图 10-2 所示）。

图 10-2 韩束代理商信息推广界面

如果你是企业或有自己的品牌，也可以借助这种方式来提升品牌名气。弱化代理商个人名气，主打品牌名气。虽然前期看起来像“傻瓜”式营销，但一旦有用户使用产品，只要效果不错，就能让用户变成品牌的粉丝，形成自己的裂变。

无论选择哪种提升名气的方式，首先要保证“质量”。要有一个好的头脑、技术、眼光，要让客户觉得产品超值。在微商中，有不少品牌一夜成名，但因质量问题又一夜消失。所以，做微商必须把好质量关，这样才能将生意做得更大更强。

10.2 互动，带动你的平台人气

无论是微信公众平台还是朋友圈，用户越活跃销售机会也就越大。不过，好友在刷朋友圈时大多只“刷”不留言，微信公众平台上的粉丝，只看不发表意见。这样的平台和朋友圈像是一个“死”号，用户或粉丝因看到平台毫无生气而对平台失去信心。想要解决这样的问题，微商必须借助一些好玩的方法来带动平台的人气，这样才能达到与粉丝交流的目的。

1. 小“陷阱”，引互动

微商在朋友圈刷信息，除了推送广告就是晒自己的生活。这种方法虽然有一定的效果，但无法引起大部分好友的评论，也就无法形成真正的互动。只有和好友互动起来，他们才能了解你并与你建立更亲密的关系。

2015 年春节发红包活动大热之后，该活动的接口并未关闭，微信用户想要发红包，可以随时使用该功能。为此，不少微商借助发红包的活动，打起了文字哑谜。比如，朋友圈有一个非常火的看图猜药名的游戏。该图片是一张范冰冰和一位外国黑人的照片，看到该照片后留言自己的答案，就可以给我发 5 元红包。不少好友看到有红包可抢后，纷纷留下自己的答案。等答案公布后，才知道原来是个小陷阱。如果好友仔细审题就会看到上面的文字是“……猜对了给我立刻发 5 元红包……”（如图 10-3 所示）。

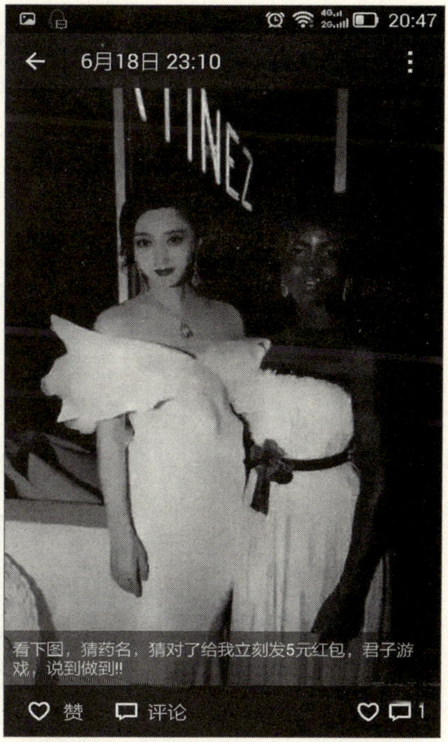

图 10-3 朋友圈看图猜药名游戏界面

在朋友圈内该活动是一个“骗人”的小游戏，但放到微商的朋友圈，就是一个提高互动的游戏。你也可以将游戏“真实答案”升级为“谁能发现其中的奥秘谁就能得 5 元红包”。这样认真回答问题的好友，不会因为自己看错了谜面而责怪你，只能为自己没有认真审题而觉得遗憾。

2. 有奖竞猜，猜到你就来

在微信公众平台上，想要宣传产品，最好的办法是软广告，让粉丝们在不知不觉中了解并购买产品。不过，一个活动的成功必须要粉丝参与进来，不然宣传就没有意义，粉丝也不会了解产品。为此，带动平台的粉丝参与活动非常重要。

QQ 音乐是中国最大的网络音乐平台，是中国互联网领域领先的正版数字音乐服务提供商，是腾讯公司推出的一款免费音乐播放器。QQ 音乐为了推广绿钻（VIP）服务，在微信公众平台上推出了“随便送 | ‘看图猜歌每日一钻’活动……”参与该活动，只需要按照图片和提示的文字猜出歌名，并回复到后台，就能得到由 QQ 音乐平台送出的绿钻服务，让用户体会绿钻与普通用户的区别，从而达到宣传的目的（如图 10-4 所示）。

图 10-4 QQ 音乐微信公众平台“看图猜歌”活动界面

平台与粉丝互动起来，才能准确地了解到平台上到底哪些粉丝是准客户、目标客户以及“死”客户。有了基本的判断后，才能通过后台聊天的方式与粉丝建立基本联系，从而带动产品的销量。在微信公众平台上，粉丝不主动给后台发送信息，你是无法主动联系他们的。所以，不少微商为了能够与粉丝取得联系，选择了类似“回复答案”有奖的活动。

3. 留下你的话，欢乐转不停

微商在选择其他平台时，还要根据其他平台的特性来做宣传。比如：选择论坛，就应该以提高点击率、加大评论量为主；选择微博平台，就应该以转发、评论为主。只有提高了关注度和转发量，才能够达到宣传的目的。

白马时光，全称是北京白马时光文化发展有限公司，成立于 2014 年 1 月，是业内最早“书影联运”发展模式的践行者。在微博上，白马时光图书为新书做活动，为了提高影响力，推出了“让未来的你，感谢现在的自己”的活动，用户只需要点击“笑脸”，然后根据点开的图片按照提示做转发就可以了。比如，某一个笑脸上面写着“写下你最想做的事”，点开的用户，留下自己最想做的事并转发就完成了游戏（如图 10-5 所示）。

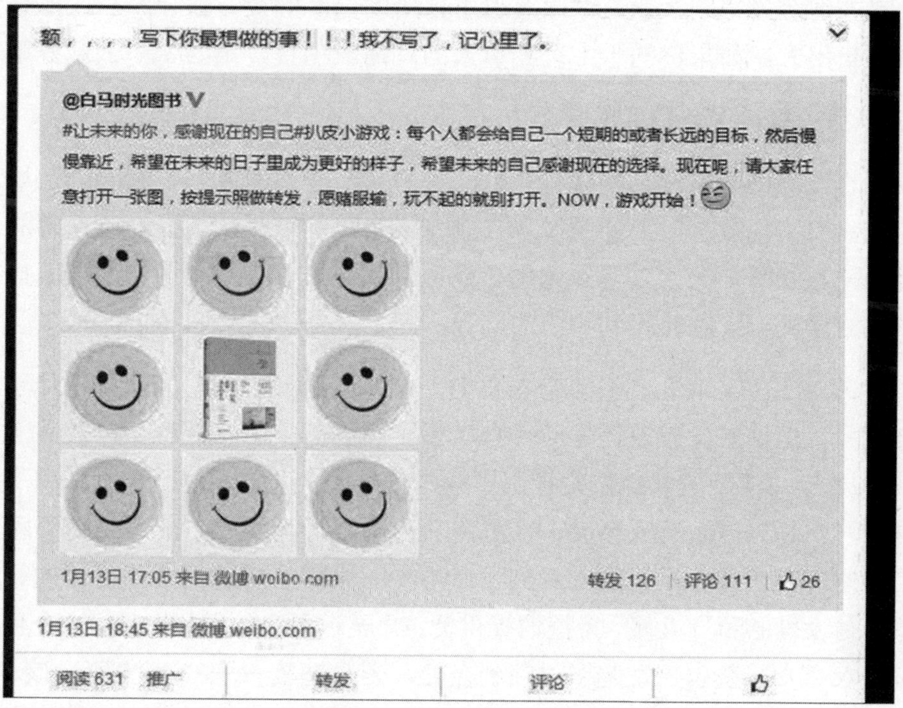

图 10-5 白马时光图书“游戏转发”页面

现在的网友们，极其有表达欲，他们愿意通过各种方式来发表自己的言论和看法。所以，你在做营销时，一定要提醒他们，让他们多多发表自己的看法，并将他们的看法晒出来。晒的方式是自然是转发，这样才能被更多网友看到。

一个平台被评论得次数越多，越能大热。微信公众平台、朋友圈、微博也是这样的。只有互动频繁，在被搜索时，才能占据较高的排名。这样的平台不仅显得更强大，还能通过排名提高关注度。

10.3 众筹，用项目投资带动营销

众筹，即大众筹资，是团购 + 预购的形式。通过在互联网上发布募集资金的项目，寻找适合投资的大众。做微商也可以借助众筹的模式，让产品在筹集资金的同时销售出去。如果你的手中有吸引人的产品或项目，不妨试一试众筹策略。

1. 产品预售，保证销量的营销方式

众筹在互联网上被称为实现梦想的一种方式。不少有才华，懂设计的网友想要创业或想要实现梦想时，如果没有资金完成自己的梦想，就会通过众筹的形式募集资金。互联网上的网友看到该想法或项目如果非常喜欢，可以通过募捐或资助的形式给予支持，同时得到相应的回报。

高建芳是出生在河北省张北县农村的一位 80 后美丽女孩，14 岁时因患脊髓炎高位截瘫。但她并没有放弃生活，自学了小学到高中所有课程，以及大学中文课程。2012 年高建芳的妹妹被检查出胃癌，使她的人生又多了一种生离死别的体验。当她开始越来越了解人生时，决心将自己的经历写成书，希望传递一种正能量，使那些同在苦痛中挣扎的人看到生命带来的温暖与启迪，还用自己的行动帮助那些农村女性和留守儿童，为他们提供阅读、展示自我的书屋。有了这个目标后，她联合《农家女》杂志，发起了“痛到极处，爱是拯救——80 后美丽女孩、‘河北张海迪’高建芳《不忍告诉你，痛有多美》”的众筹项目。由于她的故事和爱

心打动了很多网友，很快她的项目就募集到了12000元的资金。为了让项目成功，不少QQ、朋友圈用户转发了该项目（如图10-6所示）。

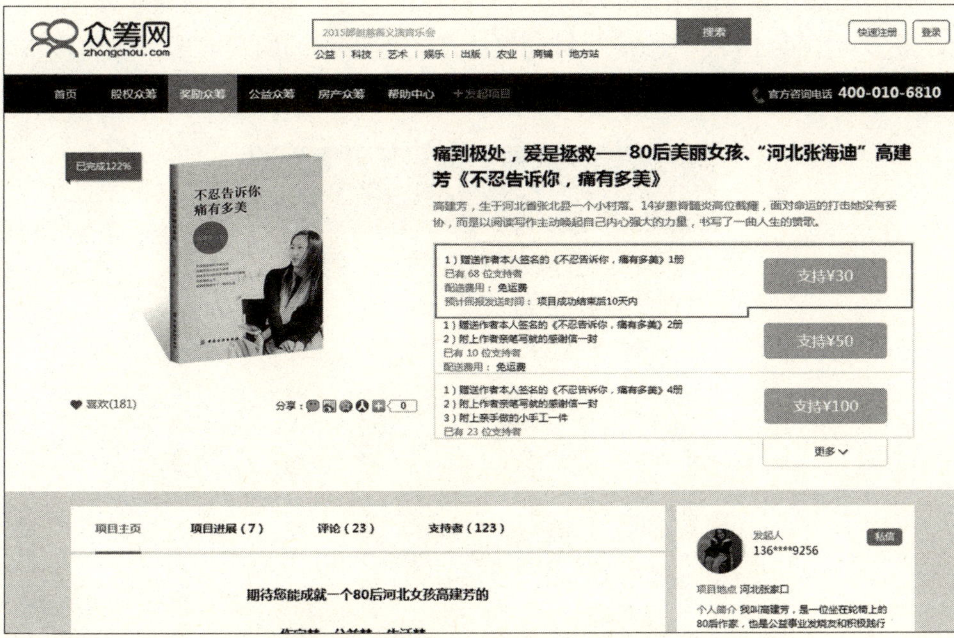

图10-6 众筹网《不忍告诉你，痛有多美》众筹项目页面

众筹项目的发起大多是借助众筹网络平台，然后对该平台上的项目进行互联网、移动互联网推广，寻找项目支持者。所给予支持者的回报大多是发起人的作品或产品。这种模式可以通过募集的资金判断产品的销量。如果募集资金成功，产品销售就有了一定的保证，如果项目未能完成，资金则退回网友账户。所以，如果你对一个新产品无法把握它未来的销量时，也可以借助众筹模式来测试市场。

2. 股权众筹，用"投资者"身份吸引用户参与

随着生活水平和收入的不断提高，大多数网友手里有一定的存款和零花钱。他们大多把资金放到银行卡里或余额宝账户里，每天只能享受微薄的利息。如果这时有一个项目能够让他们成为企业的投资人，他们很愿意付出一些"零花钱"享受分红的回报。

中国酒店为经营管理者、开发商和消费者搭建了一个全方位的创业平台。该平台由蓬达集团董事长、恒丰银行董事、蓬易金融董事长、蓬达众筹酒店管理咨

询有限公司董事长等人发起。他们发起了一个名叫“中国酒店众筹联盟 酒店众筹项目招募参与者说明书”的项目。该项目为 CPE 连锁酒店众筹项目，让用户在消费的同时，还能享受到酒店的股权，成为酒店的股东，该项目每股 1 万 ~2 万元股起投，最多可购买 10 股，享受项目分红。还可以列入创始人名册，成为投资者，按照投入比例获得相应的回报，以及其他回报服务（如图 10-7 所示）。

图 10-7 微信公众平台股权众筹项目界面

该项目对于想要创业的用户非常有吸引力，只要项目可靠、真实，并符合国家股权认购流程就能完成。此外，当用户成为酒店股东时，他们还会因为持酒店的股票而享受优惠服务，并且提高了酒店入住率。像之前较火的火锅店众筹，也是让投资者享受股东身份的同时，提高了店内营业额。

作为微商，股权类众筹非常适合代理商加盟。如果你有了新的想法和项目，可以让你的代理商与你一起成为股东，共同参与到项目中。这样你不仅能够得到相应的资金，他们也因为是股东而更卖力推广。

10.4 启动复购系统，牢牢拴住用户

之前，微商还处于红利期，大多数微商做推广时习惯于简单粗暴的刷圈方式。由于中国移动互联网用户较多，即使使用这做方式也是能够获利的。现在，越来越多的人开始做微商，竞争加剧，使得不少人抱怨微商越来越难做了。不过移动互联网的发展，却才刚刚开始，不少企业、商家试水，杀入这个新兴市场中来。由于他们之前积累了不少团队管理、市场运作经验，使微商领域变得越来越专业。如果你没有较强的竞争力，很可能在这次企业、商家觉醒的大军中被淘汰掉。

微商想要在这次改革中占得先机，就要先占领一部分客户。如果你能将已经获得的客户好好运作，即使后期运作非常困难，至少这些客户能够让你生存下来。所以，启动复购系统，就是微商生存下去的保证。

1. 会员卡，锁定目标用户

培养一个新客户，比维护一个老客户要付出更多的精力和时间，为此，不少微商喜欢在维护老客户的同时开展新客户。如果你的服务和产品对客户非常有吸引力，你就可以通过会员卡把他们牢牢锁定。能够启动复购系统的产品，首先要保证是常销品。常销品大多是用户在日常生活中经常使用的产品，这样的产品才能保证复购率。但该类产品可选择的品牌也较多，为此，必须让客户拥有一张开启复购系统的通行证：会员卡。

"秀域美容有限公司"是目前国内最大的中医减肥美容连锁机构。为了回馈老客户开发新客户，该公司推出了"母亲节快乐到店顾客会有节日礼物！秀域帮你尽孝心"的活动，只要是秀域的老顾客或是该企业的会员，就能享受到一元钱为母亲做一次肩周理疗的服务。看到该信息的用户，如果想为母亲尽孝，又不是该企业的会员，就会询问如何办理会员卡。这大大提高了普通用户对会员卡的兴趣。在介绍会员卡时不仅宣传了产品，还将目标用户转化成为企业的会员（如图 10-8 所示）。

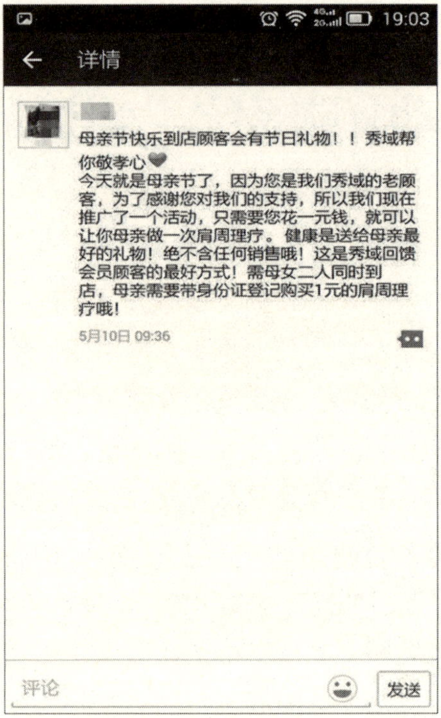

图 10-8 秀域美容朋友圈推广界面

不少微商、商家推广会员卡时，习惯借助打折来推广，这样不仅会让用户反感，效果也不理想。这时，不如改为“赠送”活动，让用户觉得自己占得便宜，既提高了满意度，还能将会员卡轻松销售出去。

2. 复购新玩法，一次消费享全年服务

无论是网购还是去实体店购买产品，都会浪费一定的时间，如果购买的是常消品，更是将大量时间放在选购产品或重复下单上。如果客户非常喜欢你的产品，他在一定的时间内连续购买两次产品后，你可以根据他的购买频率，为他制订年计划，帮他节省时间。

2014 年元旦，朋友圈内上线了一个专注于做鸡蛋的微商。鸡蛋几乎是人们每天都会吃的食物，需要重复购买。该微商在打开了一定的市场之后，为了帮助客户节省时间，推出了办理年卡服务，只要办理了 1296 元年卡，就可以享受到每月一箱、新蛋送上门的服务，让客户不再为重复买鸡蛋而浪费时间。由于该微商的营销方式非常新鲜，很快“小笨蛋”成为了知名品牌，广告常见于“吃货”类微

信公众平台（如图 10-9 所示）。

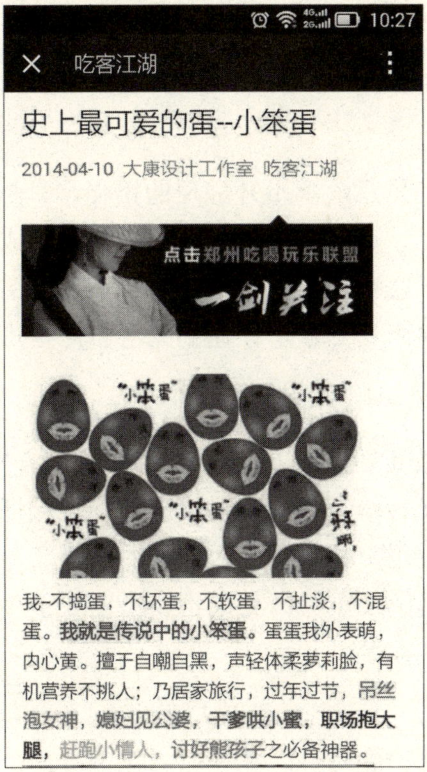

图 10-9 “小笨蛋”吃客江湖微信公众平台推广界面

类似于该类营销的还有“男人袜”。该微商也是通过定期送货，让客户享受定期收货服务。在朋友圈内展开这样的营销方式并不难，因为喜欢该类服务的用户大多为都市白领和宅男宅女，他们要么不爱出门，要么工作忙碌。这些微商成功的重要原因，就是在提供可靠产品的情况下，帮助他们节省了大量时间。

对于水果、鸡蛋、零食等常消品，只要客户信任你，就有机会推广自己的年卡服务。为了让客户感受到年卡不一样的待遇，还可以让享受年卡服务的客户晒单和使用感受，通过让更多人了解年卡的好处，带动更多客户办理年卡，以此达到拴住用户的目的。

10.5 招代理，拓展生意的必胜法宝

微商想在扩大自己的生意，离不开代理的招募，只是不同的阶段，需要将重心放在不同的营销策略上。目前，很多微商招代理并不成功。这是因为很多用户知道微商讨人烦，他们不愿意为了赚点小钱而坏了自己的“名声”。微商想要改变用户们的认知，必须拿出真本事，让他们见证微商是可以赚大钱的。

1. 工资，用安全感吸引用户

不少普通用户对于微商领域还处在观望状态，他们一方面拒绝微商推广产品，另一方面看到微商赚钱又有些眼馋。这些用户最终没有抵挡住诱惑变成了现在的微商代理人。其实，每位用户都有可能成为你的代理商，他们目前还不是代理人的重要原因，是受到的诱惑还不够。如果不少微商有了“基本工资”，是不是有更多的人愿意来做微商了呢？

亮艾成立于 2014 年，是一家专注于人类健康与美丽事业的新兴护肤品牌，目前产品已涵盖面膜及美容护肤领域。亮艾先后在上海、山东、浙江、海南以及福建成立了分公司，代理商团队突破十万人。随着亮艾新代理商的不断增加，老代理商的业绩越来越好。该公司为了鼓励新代理留住老代理，推出了“工资”服务，只要代理商够三级，工资就能从原来的 600 元提高到 1200 元。有了工资的保证，代理可以更用心地销售产品，甚至全职做微商；而普通用户，也能相信微商可以是自己的一份事业，因为它有基础保证（如图 10-10 所示）。

图 10-10 亮艾代理商推广活动界面

工资是激励代理的好办法。有不少微商代理不是没有强大的圈子，而是抹不开面去推广。有了工资保证后，才能激发出他们真正的能量。而对于手下销售业绩不错的代理，你在寻找强大的代理商时，也有其他微商将你底下销售业绩好的代理商挖走。有了工资的保证，他们才会愿意一直跟随你。

2. 培训，利用知识吸引用户关注

不少用户喜欢关注微信公众号，这不仅因为公众号能为他们提供需要的日常内容，还能让他们学习到更多的知识。微商，人人可做，却有着较强的专业性。如果你能免费将这些知识分享出来，通过专业前景来告诉用户，微商是有前途的，并且会不断培训帮助他们赚钱，他们就会愿意试一试。只要用户愿意尝试，就能增加品牌宣传、推广的力度。

“足禧本草”是国内足膜行业迅速崛起的新锐品牌。是由北京联合新锐科技有限公司与中国中医科学院、北京中医药大学专业教授联合研发的一款足部护理

产品。该产品问世后，加入了微商领域的大军中。为了招到更多的代理商，该品牌推出了“营销推广及代理培训”的课程，让企业手把手教代理商做微商，让用户的微商之路更简单（如图 10-11 所示）。

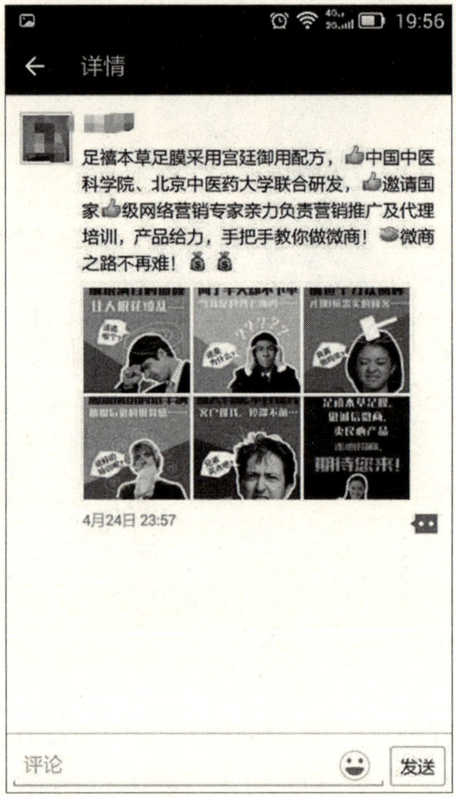

图 10-11 “足禧本草”朋友圈培训推广界面

用户看到这类宣传，如果是免费课程，大多会进去听一听。这时，一定要做好课程规划，比如行业前景、品牌优点、微商营销技巧、招代理技巧、产品知识、疑问解答等。培训内容最好以实用为主，并且具有可操作性，让用户听完后可以立即使用。这样他们每节课都会有所收获，才能愿意一直跟着你。

做任何事情都离不开人才，做微商更应该建立自己的团队，让每位有能力的代理发挥自己最大的优势。而工资、培训只是帮助聚拢人才一些方法而已。不过，在提高别人的同时，首先要提高自己。你需要不断读书、学习、了解行业动态，这样才能保证代理跟着你不会走错路，保证他们赚到钱。

10.6 娱乐，互动中提高用户黏性

随着生活节奏越来越快，人们的压力也越来越大。不少人选择利用碎片时间放松自己的大脑，慢慢却发现，原本偶尔放松大脑的手机，却在无形中“绑定”了人们的大脑。使人们得上了一种离开手机就浑身不自在的病，严重者每隔几分钟、几十分钟必看一次手机，总怕错过重要信息。这种病的根源，是企业“绑定”着用户的神经，他们推出了社交软件、时时新闻、热门话题等。总之，为了黏住用户，企业想尽了一切办法。

1. 红包，将用户牢牢锁在群内

春节时，大多数用户都低头看手机，手指不停地点在屏幕上。有的在玩打地鼠抢红包游戏，有的在刷群内红包，还有的在微博上抢明星、名人红包……用户们一刻也不愿放下手机，生怕错过某个红包，可见该活动的黏性。当春节的节日气氛散去，抢红包的热度却没有散去，要是哪个群内红包不断，用户们依然会拿着手机抢。不少微商发现了该游戏的营销价值，将抢红包活动用到了营销中。

“茗博世家”是一家经营普洱茶的茶商，为了吸引微信内的好友加入微信群，推出了入群有红包抢的活动。只要是群内用户，就可以看到该群内的“红包雨”，让用户抢不停。该活动一推出，瞬间有20位好友入群。用户抢得的红包不仅可以支取成为现金，还可以变成优惠券，享受打折服务。由于群内红包非常多，增加了群内群用户经常查看群信息的次数，即使群主有广告宣传，用户也会看在红包的面子上“原谅”他，这样营销做起来就容易多了（如图10-12所示）。

图 10-12 微商红包营销微信群

无论哪个红包群，不会只有你一个人发红包，大多数是其他群成员也加入发红包的队伍中。甚至有一些微信群推出了红包新玩法。比如：群主每天发一个固定红包数额，谁抢的最多谁就发红包，依次类推。这中间，群主还可以抢红包，并将所抢来的红包再次发出。这样的活动只需要花几十元，就能轻而易举地让用户们活跃起来。

2. 游戏，将用户黏在微信公众平台上

如今，APP 越来越多。游戏、音乐软件、生活应用、×× 购物……一部小小的手机里，聚集了大能量。虽然可以通过文件夹将一个又一个软件添加到一起，但 APP 多了，使用占用手机内存。企业为了黏住粉丝，不少微信公众平台将游戏接入菜单中，让用户不用下载 APP 也能玩游戏。

优衣库微信公众平台为了留住粉丝，在平台上接入了快乐方块和熊孩子两款游戏。每个游戏总分最高的前 50 名玩家，可以获得由优衣库平台送出的小礼品，让粉丝在平台上不仅能玩游戏，还能获得奖品，比直接在手机上玩游戏享受到更

多优惠（如图 10-13 所示）。

图 10-13 优衣库官方网络旗舰店微信公众平台“熊孩子”游戏界面

不少微商在自己平台上接入游戏时，接入了当下最火的游戏，比如“找你妹”“2048”。比较火的时候，不少平台接入该款游戏，并通过积分、优惠券等好处让玩家分享到朋友圈，成功吸引了喜欢这些游戏的用户，达到增粉、提高黏性、宣传的目的。

3. 签到，为了更多优惠必须坚持

签到，指在规定的簿册上签名或写一“到”字，表示本人已经到达。放到微信公众平台上点击“签到”，表明领取了今天的积分，积分可以换取礼品，享受优惠。这种每天坚持付出一点时间，就能享受大优惠的活动是用户们非常喜欢的。如果你的平台或活动推出了“签到”服务，那么粉丝就需要每天去你那里签到了，自然提高了黏性。当平台有活动推出时，才能保证粉丝第一时间了解活动信息。

亨氏冠军西餐，是一家致力于为客户介绍最专业的西餐知识与最丰富的菜谱

的平台，关注该平台的粉丝是为了解西餐文化和西餐菜谱。为了提高粉丝的黏性，该平台推出了“亨氏早餐签到计划”。该计划要求粉丝在吃完早餐后来平台签到，每天学习一款新菜谱。签到满一定天数，并在活动期间上传一张制作含番茄酱的早餐照片就能获得获奖资格。奖品是早餐菜谱、120g 亨氏番茄酱 Mimi 酱、320g 亨氏番茄酱（如图 10-14 所示）。

图 10-14 亨氏冠军西餐微信公众号“签到”活动界面

不少商家的微信公众平台推出了签到菜单，但这些平台并未对该服务做任务宣传，导致不少粉丝不知道能享受到这样的好处，这对于商家来讲是一个大大的损失。其实，无论哪种功能，只要多多用心，总能找到它的营销价值。